JN439518

박연화 수필집

봄빛 가득한 날에

봄빛 가득한 날에

박연화 수필집

1판 1쇄 인쇄/ 2015년 3월 15일
1판 1쇄 발행/ 2015년 3월 20일

지은이 / 박 연 화
펴낸이 / 우 희 정
펴낸곳 / 도서출판 소소리

등록 / 제300-2007-21호
주소 110-521 서울 종로구 혜화로35, 301-1호
(경주이씨중앙회빌딩)
전화 / 765-5663, 010-4265-5663
e-mail: sosori39@hanmail.net
www.sosori.net

값 10,000 원

*잘못된 책은 바꿔드립니다.

ISBN 978-89-97294-89-3 03810

봄빛 가득한 날에

박연화 수필집

책을 내면서

글은 내 삶의 길에 떠오르는 무지개였습니다. 그것을 잡기 위해 험한 절벽과 까까비알을 오르내렸습니다. 그럴 때마다 갈증에 시달려 왔어도, 바위 꼭대기에서 웃고 있는 꽃을 보면 고통은 씻은 듯 사라졌습니다.

너무 높고 험해서 도저히 꺾을 수는 없으나 그냥 바라보는 것만으로도 충분한 삶, 글은 어쩔 수 없는 내 삶의 돌파구로 남았습니다. 어려울 때 곁에서 힘을 주고 용기를 북돋워주는 것으로 글보다 더 한 게 없음을 알기에 더욱 습관적으로 빠져드는 마법의 이 영역이라니….

힘들어도 참았습니다. 힘들수록 오묘한 섭리를 깨우치면서 글로 다듬어질 것을 알기에 더욱 매달린 나날이었습니다. 이루어진 후에는 더 이상 꿈이 아닌 것처럼, 잡히지 않는 신기루일지언정 오히려 동경의 대상으로 삼으면서, 오늘도 해거름 언덕의 물새마냥 노을 지는 글밭을 서성입니다.

문학의 텃밭을 일굴 때마다 보이지 않는 울타리가 되어 주신 분도 많았습니다. 서투른 대로 날개를 펼칠 수 있게끔 아름다운 꽃울타리로 격려하고 보듬어 주셨지요. 부족한 제가 글을 쓰도록 이끌어주신 그 지인들 때문에 미미하나마 문학이라는 말을 구사하게 되었고, 글만 쓸 수 있으면 아무리 힘들어도 괜찮은 소망을 내 삶의 분복으로 삼으려 합니다.

결코 놓치고 싶지 않은 글 쓰는 행복이 내 삶의 마지막 보루가 될 것을 기원하면서….

2015년 2월

저자 박연화

▷ 차 례

1부

2부

3부

4부

1부

이 눈보라가, 이 아름다운 모습이 내일 기온이 떨어지면 소나무
잎에서 예쁘게 피어나겠지. 잔설마저도 일몰이 될 때면 적막함에도
빛을 보내주는 것은 잔설에서 매달려 아롱지는 빛이 아닐는지.

봄, 무르익다

냉이를 캔다. 며칠 전부터 냉이 국 타령을 하는 남편 때문이었거니와 오늘은 또 모처럼 날씨가 따스해졌다.

먼저 호미와 바구니를 챙겼다. 작업복에 모자를 찾아 쓰고 텃밭으로 향했다. 흙을 밟는 느낌이 날씨만치나 푸근하다. 살짝 호미자국만 나도 쉽게 뽑힌다. 그동안 봄비가 자주 내리기도 했고 구태여 봄비가 아니라도 얼었다 녹는 과정이 되풀이되면서 많이 부드러워졌다.

냉이를 캐다 보면 그 종류가 많음을 알 수 있다. 종류도 종류지만 같은 냉이라도 묵은 햇수에 따라 모양이 달라진다. 이를테면 연하고 뿌리가 짧은 것은 싹 나온 지가 얼마 되지 않은 게 보통이다. 그에 비해 잎이 뻣뻣하고 뿌리가 질기다면 십중팔구는 묵은 냉이인 경우가 많다.

우리도 어릴 때는 냉이처럼 부드러웠던 적이 있었음이 떠오른다. 그러던 것이 자라면서 점점 억세어진다. 그러면서도 어느 것 하나를 지목해서 장단점을 말할 수는 없다는 생각이 든다. 어린 냉이는 물론 연한 맛이 특징이지만 질긴 냉이는 삶아 무치면 훨씬 더 구수한 맛이 난다.

이전에는 주로 어린 것을 캤던 기억이 난다. 그러던 것이 요즈음에는 나도 모르게 넓적하면서 뿌리가 긴 것을 찾게 된다. 비릿할 정도로 연한 것보다는 뿌리가 더 많은 냉이의 구수한 맛이 더 구미에 당기는 것인지 모르겠다.

냉이의 진정한 맛은 추운 겨울을 날카롭게 이겨냈을 때 탄생한다. 가을이 끝나고 겨울로 막 접어들 때의 냉이는 비릿하고 참다운 냉이의 구수한 맛이 없다. 그로써 진정한 봄의 의미가 살아나는 건 부인할 수 없는 사실이다.

꽃이 피거나 잎이 돋아나면서 다가오는 봄의 정취는 예고도 없이 들이닥치는 꽃샘바람에 뒤죽박죽되는 경우가 많다. 봄인 줄 알았다가 겨울이 되기도 하는 갑작스러운 사태에 놀라게 된다. 겨울이면 차라리 춥기나 할 텐데 봄인지 겨울인지 분간되지 않는 속에서 마음까지 어수선해 오는 것이다.

어쩌면 겨우내 묵은 것만 먹어온 우리가 냉이를 통해 새로운 봄의 지기를 받아들인다는 게 더 맞는지 모르겠다. 먹는 것은 즉 냉이라는 평범한 나물이지만, 그로써 흡수되는 대지의 숨결은 보다 포괄적인 의미를 내포한다.

그런 생각으로 캐면서 냉이꽃을 본 것은 정말 우연이었다. 지금 캐고 있는 곳은 응달이라 아직 연하지만, 볕 잘 드는 양지의 그것은 진즉에 자라 벌써 꽃이 피었나 보다. 그것을 보고 저건 캐 봤자 소용없다는 생각을 하다가 나도 모르게 무릎을 쳤다. 냉이꽃을 삶아 국을 끓이거나 무치면 지금 내가 반색을 하고 캐는 나물보다 훨씬 맛있던 게 생각난다.

어리고 연한 냉이는 아무리 맛있어도 꽃은 피지 않는다. 반면 너무 억세다고 캐지 않는 냉이일수록 꽃은 탐스러웠다. 나물조차도 늙었다고 기피하지만, 그 꽃은 더 맛난 반찬거리가 될 수 있다는 건 얼마나 충격인가. 그들 중에서도 조금 연한 냉이꽃이 빈약해 보이는 것도 살아온 날보다 남은 날이 훨씬 적은 내게 남다른 충격으로 와 닿았다.

늙은 나무일수록 꽃은 아름답다. 나이 든 나무가 과일은 맛이 없다고 하지만 꽃은 훨씬 예쁘다고 한다. 아니 실제 그렇지 않을지라도 말하자면 억센 등걸 같은 나무의 느낌을 배경으로 한 꽃이라서 상대적으로 곱게 보일 수도 있겠다. 혹은 늙은 나무에 대한 막연한 연민 때문에 그나마 꽃의 이미지가 상승되는 것으로 생각할 수도 있지 않을까.

늙어간다는 것은 그만큼 많은 세월 속에서의 연륜을 키워 왔다는 의미다. 실제적 나이와 함께 정신적 연령도 무시할 수가 없다. 이를테면 균형이 맞아야 한다는 거다. 외향으로 비쳐지는 향기가 자연스러운 흐름 속에 지적 모든 면에서 농익어 갈 수 있었음에 한 획 한 획 그어가는 서예 쓸 때의 잔잔함에서 오래도록 하면 할수록 글체에서 힘이 솟는 모습과 같음을 느껴본다.

바구니에 든 것을 쏟아 꼼꼼히 다듬는다. 된장을 풀어 한참 달이다가 냉이를 씻어 넣었다. 집안이 금방 구수한 맛으로 뒤덮이고 그럴 때마다 봄이라는 게 실감이 간다. 추위가 물러가고 얼음이 녹으면서 꽃 피는 걸 시각적 봄이라고 한다면, 냉이나 돌나물이 주는 특유의 상큼한 입맛은 후각으로 다가오는 느낌이다.

변덕스럽고 어수선한 시각적 봄날의 그게 철부지 때의 느낌이라면 지순한 입맛으로 느끼는 이 봄의 그것은 어지간히 나이든 시점이 주는 계절 본연의 내음으로 생각하고 싶다. 어려서는 미처 느끼지 못했던 그게 더욱 절실해지는 것처럼 말이다.

하얀 들판

하얗게 눈이 내린다. 풀풀 날리는 눈송이를 보니 까닭 없이 두근거린다. 주책이다 싶을 정도로 들뜨는 기분이다. 외향적인 성격이다 보니 나이를 잊은 지 오래건만 최근 들어 자꾸만 생각나는 게 딴에는 곤혹스럽다.

내 인생도 어언 만추의 시점으로 가고 있다. 울타리 옆의 단풍나무에는 아직 잎이 몇 장 남아 있고 거기 하얗게 눈 쌓인 것을 보고 느끼는 감정이다. 가을에 볼 때는 만추의 고적한 느낌뿐이었는데 지금 하얗게 덧쌓인 눈은 그 감정을 오히려 아름답게 고조시키고 있다.

하기야 늘 볼 수 있는 정경은 아니다. 첫눈이 유독 빨리 내리는 바람에 미처 떨어지지 못한 단풍잎 몇 장에 눈이 덮이면서 연출된 광경이나 모처럼 보는 풍경은 가히 고혹적이다. 구태여 단풍이 아니어도 앙상한 나무에 눈 덮인 모습은 무척 환상적이었다.

모두가 그렇게 사는 거라고 생각해 왔다. 며칠 전만 해도 모든 걸 두고 떠나는 가을만 아쉬워했으나 다시금 눈이 쌓인 것은 추운 겨울에도 눈처럼 화사하고 부신 날들이 찾아올 것을 상징하는 게 아닌지.

마음이 문득 가벼워진다. 낙엽은 져도 겨울이 되면서 새로운 세상이 펼쳐진다. 점퍼에 두 손을 깊이 넣고 어느 결에 섬돌에서 털신을 신는다. 가격을 따지면 오천 원에 살 수 있다. 오천 원으로서의 따뜻함은 걸어가는 내내 열기를 뿜어낸다. 털신 바닥은 미끄럽지 않고 다리를 편하게 해 주는 장점이 있다.

날리는 눈발에서 갓 버무린 겉절이의 향기가 묻어난다. 어처구니없는 말이지만 눈으로 냄새를 맡을 수 있다. 싱싱함과 백색의 눈 내리는 거리가 좋다. 땀이 많이 나는 체질이라 여름보다는 겨울을 더 좋아했지만 이렇게 눈 내릴 때는 설레기까지 한다. 눈길을 걸으며 마냥 행복해 하는 나이 든 소녀는 오늘도 뭐가 그렇게 좋은지 혼자 깨금발을 뛰고 앞발을 쭉 뻗어 보며 미끄럼을 타기도 한다.

바람을 맞으며 눈꽃 길을 걷는 아취는 어디고 비교할 수가 없다. 누가 볼까 봐 민망하다가도 혼자 즐기고 만끽하는 그것만 좋았다. 이 눈보라가, 이 아름다운 모습이 내일 기온이 떨어지면 소나무 잎에서 예쁘게 피어나겠지. 잔설마저도 일몰이 될 때면 적막함에도 빛을 보내주는 것은 잔설에서 매달려 아롱지는 빛이 아닐는지.

다시 한 번 마음은 뛸 듯이 풍요로움에 마냥 걷다 보면 생각은 되돌아 어린 시절로 곱씹어 본다. 어릴 때는 눈도 왜 그처럼 많이 내렸는지. 눈보라는 또 얼마나 심했던지 학교에 가려면 등 뒤에서 불어대는 강풍에 떠밀려 저절로 앞으로 나아갈 수 있었다.

자동차와 대중교통을 이용하는 지금과는 달리 모든 게 불편했던 시절이나 바람에 떠밀려 가끔은 빨리도 갈 수 있었다는 게 기억에 새롭다. 눈 내리는 오솔길을 황홀감에 젖어 발걸음을 옮기는 마음이 풍경만치나 설렌다. 눈보라가 휘날리는 길을 걸으며 즐거움을 만끽하는 모습을 저 너머 산새들도 의아해 하는 듯하다.

저기 산 아래에 잿빛 산토끼가 뛰어다닌다. 입을 오물거리는 게 꼭 눈을 먹는 것 같고 불현듯 한 컷 찍고 싶은 마음이 들었다. 너도 혼자구나. 나처럼 눈이 좋아 이렇게 눈보라에 나왔나 보다 하면서도, 흰 눈 날리는 날의 토끼 모습에 어린 날 봄볕 숲길을 헤매며 뛰어 노는 모습이 스쳐간다.

눈보라가 봄 햇살로 비쳐지는 마음은 확연히 만추에 젖어 드는 인생인 것을 다시 한 번 느껴본다. 차분히 생각하지 않고 또 깊이 생각할 필요도 없다. 저장도 않는다. 경험보다 사실을 현실에서 인생 만추를 그려 가고 싶다.

아직 해야 할 일도 누릴 것도 많다. 만추의 그릇에 꾹꾹 눌러 담고 싶다. 지금 시작인 듯 말이다. 남들 늙는데 나만 예쁘게 팽팽함을 유지하기보다는 세월 따라 순순히 가고 싶다. 몸은 말을 듣지 않고 마음은 늙어도 눈보라에 소녀처럼 걸으며 생각할 수 있는 게 감사하다.

늦가을의 쓸쓸한 마음 대신 얼마 후 눈부신 설야를 바라보며 조락의 계절과는 또 다른 감상에 젖을 수 있는 게 무엇보다 행복하다. 끝없는 백색의 소래 길에서 눈부신 인생 만추의 서정을 하얀 들판에 가득 차려 놓는다.

개울 물소리 들으며

마음이 불편하다. 혼자 고립되어 있는 것처럼 울적하다. 별다른 이유 없이 짜증이 나고 불쾌했다. 받아 줄 사람도 없는데 혼자 종일 그랬다.

답답한 마음에 밖으로 나갔다. 골목을 돌아가니 개울이 보이고 이어 울창한 숲이 나온다. 거짓말처럼 가슴이 탁 트이는 것 같다. 닿을 듯 휘감기는가 하면 멀찍이 선 채 흐르는 물줄기에서 산수의 미묘한 관계가 되는 것 같다.

산이 있는 곳에는 물이 있다. 물이 흐르면 또 산자락이 보인다. 물 없는 산이나 산이 없는 물은 생각할 수가 없다. 가장 가까운 사이가 있다면 산수(山水), 즉 산과 물이 아닐까 싶다. 내게도 그렇게 가까운 사람이 있었음을 상기했다.

그런데 요즈음 트러블이 생겼다. 그래서인지 주변의 경관도 썩 아름답게 느껴지지 않는다. 물소리도 시끄럽게만 들린다. 지척에 있는 산봉우리도 까다로운 사람의 그것처럼 거부감을 준다. 딱히 누구였다고 어느 것이었다고 할 수도 없음이 안타깝다. 말할 수 없음이고 드러낼 수도 없는 것에 나 자신이 집착의 끈으로서 애태우는 마음을 추스르려고 거친 수다를 떨어본다.

냇물을 따라 가 본다. 내려갈수록 폭이 넓어지고 물량도 많아진다. 내려가는 물처럼 낮아지는 삶을 생각했다. 자꾸만 내려가던 물이 마침내는 바다를 이루어 엄청난 물을 담고 있는데 나는 과연 어떻게 살아온 것인가.

물이 담기는 원리에서 본다면 담기는 양은 또 그릇의 크기로 좌우된다. 냇물은 시내만큼 담기고 강물은 강줄기만큼 담긴다. 그리고 더 멀리 바닷물은 바다만큼 담기는 것이다. 그렇다면 나의 그릇은 얼마나 큰 것인지를 가늠해 본다. 우선은 그릇이 커져야겠다는. 물도 내려가면서 폭이 넓어지는데, 하물며 삶을 이어가는 나 자신은 더 말할 나위가 있겠는가.

가다 보니 여울이 나온다. 물이 만나는 곳인데 그럴 때마다 하얗게 부서진다. 그리고는 또 다시 흘러간다. 아무리 봐도 부딪치는 모습인데 전혀 상관하지 않고 흐른다. 여울이 나올 때마다 그 광경이 재현된다. 싸우듯이 부딪치고는 아무 일도 없었던 것처럼 다시 흐른다.

어제의 다툼도 그런 것으로 생각하니 마음이 홀가분하다. 여울의 물이 만나면서 부서지듯이 만남도 부딪치는 것이다. 여울에서 부딪치고 물량이 늘고 강으로 혹은 바다로 흘러가듯 우리 역시 바다보다 크고 넓은 삶이라는 물줄기를 헤쳐 나간다.

냇물이 강으로 되고 강은 또 바다에 이르기 전에 부딪치듯 함께 더 넓은 곳으로 가기 위해 부딪치는 것이다. 물줄기가 많이 모여들수록 여울물은 찬란히 부서진다. 마찬가지로 더 깊은 만남을 위해 그런 과정이 수반된 것으로 나를 달래 본다.

한참을 가다 보니 냇물 속에 산이 잠겨 있다. 거울처럼 맑게 비쳐지는 데서 산과 물의 밀접한 관계를 본다. 어우러져 있으면서도 분명히 그어진 경계를 보며 가깝다는 것에 깃드는 엄연한 질서가 있다는 게 그저 신비한 느낌이었다.

물은 언제나 여일하게 흐른다. 그에 비해 산은 말없이 버티고 선 모습이다. 아무리 가까운 사이라 해도 산은 흐르는 물을 저지하지 않는다. 뒤미처 물이 또 흘러들기도 하지만 산은 늘 지켜보는 자세다. 그게 아름다운 산수의 진면목으로. 함께 있으면서도 더 이상은 다가가지 않는다.

산은 산대로 물은 물대로 자기 자리를 고수할 뿐이다. 겉도는 것 같으면서도 서로를 보완해 준다. 물은 산의 우거진 풍경을 담고 산은 물의 거침없는 흐름에 귀 기울인다. 함께 있으면서도 자기 영역 외에는 돌아보지 않는다. 그게 둘이면서 하나인 가장 가까운 관계를 유지하는 최선의 방책으로 살아간다.

그런데 나는 어떤가. 내가 좋아한 만큼 나를 좋아하길 바랐다. 좋아한다고 하지만 그것은 나의 소관일 뿐, 그 사람과는 하등 상관이 없는데도 집착을 버리지 못했다. 아니 다툼이란 걸 거의 모르고 살았던 만큼 그것은 충격이었다.

아직도 내 마음을 모르겠다. 얽힌 고리를 풀듯이 모든 오해를 풀고 싶은데 묘책이 떠오르지 않는다. 아무리 살아도 철이 들지 않는 것 때문에 더 착잡한 심정이다. 딴에는 그래도 하자 없이 살아온 것 같은데 자세히 돌아보면 그야말로 허물투성이였다. 복잡한 건 우주가 아니라 우리의 삶이라는 것도 납득이 간다.

물소리가 더 크게 들린다. 어딘지 모르게 나를 깨우치는 것 같다. 끝없이 내려가면서 나처럼 폭넓은 사람이 되어 보라고. 그러면 이 세상 어떤 사람, 어떤 성격도 품어 안을 수 있다고. 세상의 물이 바다에서 다 모이듯 넓은 마음이라면 가능하지 않을까. 그러자면 물처럼 무한정 내려가는 삶이라야 된다고 자신을 거듭 타일러 본다.

굽이굽이 달린다

심호흡 하는 코끝이 향기롭다.

첫 새벽 자동차의 시동을 걸기 시작할 때부터 풍겨 온 냄새다. 운전을 하면서 출발할 때의 기분이 많이 좌우되던 걸 생각하면 은은한 향기를 뿜어내는 꽃망울이 오늘따라 무척이나 예쁘고 마음 또한 가볍다.

삽짝을 나와 달리다 보니 어느새 큰 길에 들어섰다. 조금 지나노라면 편도 2차선에서 1차선으로 바뀌며 곡선으로 돌아가는 길을 지난다. 직선이면서도 한가한 길을 달린다.

길가에는 자잘한 풀꽃이 우거졌다. 언덕을 지나다 보면 수많은 떨기꽃이 얽혀 있는 것도 볼 수 있고 산등성이가 나오면 울창한 숲이 또 눈길을 끈다. 싱그러운 정경과 굽이굽이 산길을 따라 이어진 소롯길의 운치에 빠지다 보면 운전을 할 동안의 무료함도 잠시 잊곤 한다.

오늘처럼 출발하는 마음이 가볍고 유쾌할 때는 소풍을 가는 기분이다. 이 시간은 내 세상이며 나 혼자만의 향유에 빠져 본다. 굽이굽이 돌아간 길을 따라 좌회전 또는 우회전을 하는 동안 묘한 스릴감에 젖어든다. 고속도로는 무심히 달리지만 굽잇길은 요모조모 생각을 하며 달리게 되는 차이점이 있다.

운전면허증을 받고 난 뒤 처음으로 서울의 8차선 사거리에서 좌회전을 했었다. 수많은 차가 오가는 복잡한 도로였건만 그런 데서도 너끈히 운전할 수 있었다는 게 믿기지 않았다. 남다른 스릴과 풍요로운 기분이었다.

무엇보다 굽어진 곳 없이 똑바른 길을 가기보다 구불구불 이어진 길을 가는 건 쉽지 않다는 걸 보았다. 혹 걸어가는 건 몰라도 운전을 할 때는 한마디로 난코스다. 운전면허를 딸 때도 S코스가 참으로 어렵던 기억이 나지만 그 과정을 무사히 통과한 후의 성취감은 표현하기 어려웠다.

내가 지금 가는 정선도 말하자면 곡선으로 이어진 길이다. 정선의 동강으로 가는 길은 끝없는 곡선의 연속이다. 구부러진 길이다 보니 산세도 완만하고 흐르는 강 역시 굽이굽이 감돈다. 바쁠 때는 고속도로를 타고 달리는 게 습관화된 만큼 여유로운 마음으로 소로를 달리는 운치는 설레기까지 했다. 한가한 도로에서도 정도를 지켜야 할 것이나 그저 차선을 잘 지켜가며 한다고는 한다. 그러나 사람이 실수는 언제고 내 앞에 도사리고 있으니 큰소리칠 계제는 아닌 것이거늘.

그럴 때는 내게 요행이라도 따라 주는 것이 아닌가 싶기도 하다. 지금 이렇게 마음 놓고 운전을 하며 행복해 할 수 있다는 것도 이 시간 이 여유도 내게는 벅차 오는 것을 어찌 나쁘다고만 생각할 것인가. 마냥 이 순간을 즐길 것이다.

행복은 멀리 있는 것이 아니라 가까이 지금 내 앞에서 여유와 신선함이 공유하는 것 같다. 집안에서 밖으로 나가려면 문을 거쳐야만 나가듯이 운전을 할 때는 교통질서와 신호를 지켜야겠지만 곡선으로 달릴 때면 그에 맞는 신중함이 뒤따라야지 싶다. 정도를 아는 운전 습관으로 이제 홍천을 지나 얼마를 달리니 드디어 장평에 다다랐다.

아래는 깊고 위에는 높은 산이다. 늘 그렇지만 장엄한 풍광을 대하다 보면 아웅다웅 사는 게 얼마나 부질없는지를 깨닫곤 한다. 여기서 벗어나면 언제 그랬느냐 하듯 다 잊어버리기는 해도 그 순간만큼은 자연 앞에 우리는 너무나 하잘것없는 존재라는 걸 느끼며 잠시 마음을 가라앉힌다.

오솔길은 말 그대로 끝없이 이어진 길이되 우리는 그 끝을 알 수 없지만 직선으로 이어진 고속도로는 아무리 멀어도 아득히 끝이 보이던 게 새삼스럽다. 우리 삶 역시 곡절이 많고 사연이 많은 게 천연 곡선의 이미지였고 그래서 더욱 살만했었다는 느낌이 들기 때문일 게다.

고속도로를 달릴 때처럼 아무리 멀어도 끝이 보이듯 삶이 그렇다면 사는 게 더욱 힘들었지 싶다. 오히려 곡선의 그것처럼 어떻게 굽어졌는지 알 수 없기에 호기심 반 설렘 반으로 가면서 자기만의 삶을 구축하는 셈이 된다. 구부러진 길도 힘들지만 탁 트인 길은 단조로워서 더욱 지루한 것처럼 곡절이 많은 삶도 힘들기는 하되 장벽 없이 순탄하기만 한 삶은 더욱 힘들다는 걸 새삼 느껴본다.

얼마나 달렸을까, 눈앞에 영월의 이정표가 보인다. 영월 하면 김삿갓 묘가 있고 역사드라마에서 청령포가 단종의 유배지로 자주 등장하는 건 익히 알려진 바다. 그 위에 동강은 영화 '쉬리'와 래프팅의 촬영지로 잘 알려진 터다. 역사적으로도 그리 곡절이 많아 영월의 산세 또한 굽이굽이 얽혀 있었나 보다.

조각이나 건축에서 표현된 아름다움하고는 또 다른 매력의 부드러운 곡선에서 마음의 평온을 찾는다. 살면서 어려움의 곡선은 누구에게나 있어 힘겹게 짊어지고 살겠지만 크나큰 어려움 없이 굽이굽이 돌면서 생의 아름다움을 마음껏 누릴 수 있으니 그로써 또 하나의 반전이 되는 거라고 다시금 생각해 본다.

바닷가의 해거름

나는 지금 작은 포구 방파제를 서성이고 있다.

골목 입구에 횟집 간판이 보인다. 마을 전체가 집안에서도 바다가 보이는 민박집으로 이루어져 있다. 해풍이 불어오는 언덕에 서 있으려니 어지럼증이 인다. 동해 바닷가 장호항 너머 갈남 해변 앞으로 바닷물이 잔잔하게 흐르고 뒤에는 소나무 숲과 도로가 어우러져 풍광이 아름답다.

어릴 적 바닷가에서 바라보던 풍경이 생각난다. 풍경이라야 하늘과 물결과 갈매기 그리고 이따금 앉아 하늘을 바라보던 바위에 불과했지만 그것은 어린 내게 하나의 산 교육장이었다. 수평선 멀리 돛배 하나가 점점 커지면서 들어올 때마다 자연 시간에 배운 내용이 생각났다. 돛대 끝머리부터 보이기 시작하면서 차츰 전체가 보이고 항구에서 나갈 때의 점점 작아지는 모습이 지구가 둥글다는 걸 여실히 드러낸다.

어린 내게는 까다로운 내용이었으나 실제 현상을 보면 이해가 되곤 하였다. 좀 더 자란 후에는 그 수평선이 또 바라보는 높이에 따라 즉 키가 크면 좀 더 멀리 보이고 절벽 같은 데서 보면 더욱더 멀리 보인다는 걸 알았다.

뒷산에 올라가면 자기 사는 마을이 보일 뿐이고 좀 더 높은 산에 오르면 한 고을이 보이지만 태산에 올라가면 천하가 보인다는 게 지금 생각하니 논어에서 본 글귀 그대로였다. 우리의 꿈과 소망도 그런 맥락이라고 생각한다. 똑같은 수평선도 어떻게 보느냐에 따라 그 거리가 달라지듯 얼마나 높은 데서, 얼마나 긴 안목으로 보느냐에 따라 바라보는 대상의 가치가 결정되는 셈이다.

돌연 물결이 밀려온다. 부서지는 하얀 포말이 수많은 물보라를 터뜨리고 있다. 수많은 구슬이 햇빛에 번뜩이며 무지개를 뿜어 올린다. 어릴 적 그 비경에 젖다 보면 시간 가는 줄도 몰랐다. 집채만한 파도가 바위를 집어 삼킬 듯 밀려오고는 썰물처럼 빠져나가는 모습은 바닷가의 교향곡 그대로였던 것이다.

수없이 밀려오고 달아나는 물결 또한 우리 삶의 격전지였다. 내 살아온 것도 물결같이 부서지는 날들의 연속이었다. 잔잔할 때도 있었으나 대부분 바위에 부딪치고 혹은 수많은 물보라가 흩어지곤 하였다. 수없이 부서지는 파도야말로 잔물결만 찰싹이는 꿈같은 바닷가의 풍경을 만들기 위한 전주곡이다. 태풍이 지나가야 하늘이 푸르러지듯 평화란 곧 소용돌이를 뚫고 나온 여유로 볼 수 있다.

요즈음 나의 삶이 그랬다. 산다는 자체가 회오리 속을 뚫고 나오는 과정이라면 나 역시 수많은 곡절을 겪었다. 일일이 다 열거할 수는 없지만 생각하니 삶이라는 거대한 파도 속에 크고 작은 물결이 들락거리는 양상이었다. 숱한 곡절에 시달릴 동안에는 견디기 힘들었으나 극복하고 난 지금은 거대한 물결에 소소한 건 죄다 묻히는 기분이다. 파도 역시 잠깐 만들어진 게 아닌 수많은 잔물결로 이루어졌다는 걸 돌아볼 수 있다.

앞으로도 내 삶의 바다에는 물결이 들락거리며 더러는 부서지고 부딪칠 것이다. 망망대해 넓은 바다 역시 밀려오는 잔물결조차 막을 수 없고 그렇다면 미약한 내가 어찌 그보다 더 거센 삶의 물살을 제지할 수 있을지 막연한 생각이 들었다.

결국 피하지 못할 바에는 받아들이는 게 편하고 앞으로 또한 지금까지처럼 바람 불고 물결치는 대로 사는 게 정석인 것 같다. 어찌 보면 나약하고 우유부단한 처세지만 그나마도 계속되는 파도와 물결에 시달려 모나기만 한 내가 원만한 기질로 바뀌었음을 돌아본다.

조약돌 하나를 집어 들었다. 물결에 닳고 닳아 반들반들해진 데서 우리 삶도 그렇게 둥글어질 것을 생각해 본다. 그동안 많이 시달려 오기는 했어도 조약돌처럼 앞으로 얼마나 더 씻기고 둥글어질지는 미지수나 그보다는 계속 닳고 닳아 거친 데 하나 없이 부드러워질 때라야 내 삶도 그만하면 괜찮았다고 말할 수 있지 않을까.

저만치 바위에 수많은 바지락이 붙어 있다. 절친하게 지내던 친구의 엄마가 바위에 붙어 있는 김을 채취하다 바닷물에 빠져 유명을 달리 하셨던 생각과 그 후 친구의 아버지마저 그 자리에서 돌아가셨다는 얘기를 오랜 세월이 흐른 후에야 듣고 마음 아파했던 기억이 새삼 생각난다.

노후에 부부가 함께 살다 한 사람이 먼저 세상을 떠나면 상대마저 뒤따라가는 모습에서 그 친구의 아버지는 그리움이 사무쳐 그 자리에서 체온이라도 느껴보고 싶었나 보다.

늘 등교와 하교를 같이 할 정도로 다정했던 친구다. 그러다 서로 헤어져 각자의 길을 가다보니 어쩌다 시골에 가면 가족사의 애달픈 소식만 들리곤 했다. 멀어진 후에야 친구의 좋은 점들이 돋보이게 되는 것은 그동안 너무 멀리 있었기 때문이다.

이따금 그 친구의 얼굴이 스쳐갈 때는 한 번 만나 보았으면 싶은 생각이 간절하지만 그도 여의치 않다. 나처럼 머리가 희끗한 초로의 나이에 접어들었을 친구, 그 부모가 또 하필 바위에 붙어 있는 김을 채취하다가 저 세상으로 가셨다는 것이 지금 내가 앉아 있는 바닷가이고 보면 공교롭게도 우리 나이였다는 데서 더한 애처로움이 뇌리를 스친다.

해거름의 바닷바람은 차다. 절벽 위에 해송 한 그루가 늠름하다. 해거름 바닷물에 빠져 있는 것 같은 모습이 무척이나 고즈넉하다. 저 소나무 역시 해풍에 시달리고 짭짤한 갯내음에 시달려 저리 뒤틀어지고 굽어지면서 저만한 연륜을 자랑하게 되었고 해거름 일몰 때마나 소나무 그늘을 드리우는 건 아닌지.

물에 빠진 소나무 그늘이 서서히 비켜간다. 오늘을 보내고 내일을 맞이할 준비를 하는 듯 자못 엄숙한 분위기다. 나 역시 새로운 내일을 준비해야겠다. 저녁노을은 언제 봐도 아쉬운 기분이었으나 그 과정 없이 내일은 올 수 없다. 오늘과 내일의 간이역에 서 있는 해거름 이 시간은 그만치 소중한 순간이었던 것이다.

바람의 춤사위

유난히도 뜨거운 뙤약볕이다. 많은 사람들이 땀을 닦는 모습이 자주 눈에 띄고 안타까움 마저 든다. 나 역시 조금만 움직여도 온몸에 뚝뚝 떨어지는 땀은 말 그대로 물 흐르듯 한다.

워낙 땀을 비 오듯 하는 체질이라 더욱 힘없고 초라해 보이는 것은 흐르는 땀으로서 온몸을 적심이 아닌가 싶다. 어찌된 영문인지 말복을 지나면 조금씩 아침저녁으로 시원한 바람이 분다고 하던 말과는 달리 아직도 후텁지근한 날은 언제나 누그러질는지 땀이 많은 내게는 찜통더위에 맞설 아무 대책이 없다.

하지만 오늘 집에 돌아와 옥잠화 꽃잎을 보니 더위가 씻은 듯 가라앉는다. 해마다 대청마루 뜰에 피던 꽃이다. 그걸 볼 때마다 더위에 시달린 마음이 금방 시원해지곤 했는데 지금 얼마 남지 않은 그루터기에 바람이 문득 지나간다. 투명하게 맑고 하얗게 피었던 그 광경에 그 빛깔에 넋을 잃고 있었던 적이 있었다.

그때 부채역할과도 흡사한 바람으로 불어준다. 한참을 옥잠화 잎에 심취해 있으려니 꽃과 다른 여러 가지 잎은 꿈적도 않는다. 태풍이 몰아칠 때면 과수원의 사과나무가 뿌리째 뽑힐 정도로 세차게 불어와 손댈 사이도 없이 꺾고 할퀸다.

물론 태풍과 산들바람과는 비교가 되지 않지만 한 그루의 탐스러운 꽃나무에서 몇 개의 잎만 바람이 와 닿는 것에 의아함으로 바라만 보고 있자니 과학적으로 생물학적으로 지식이 없는 내게는 의구심만 남게 된다. 왜 차별하면서 바람을 불어 주는지에 안타까움마저 들면서 무더운 여름날 마루에 앉아 내게도 시원한 바람을 좀 보내주었으면 한다.

태풍이 크게 할퀴는 것을 원망에 앞서 제발 잦아들기만을 빌어본 적이 있다. 남편이 과수나무에 매달려 제발 넘어가지 말라는 듯 나무를 감싸 안고 허덕일 때 그저 나는 같이 애원해보며 잦아들기만을 간구하며 애타게 가슴을 쓸어내렸다.

꽃잎 하나하나에도 또한 모두에게 보내줄 수 없는 이유가 있는지 바람에게도 더 마음에 와 닿는 무언가가 있어서 하는 것은 아닌지. 허무맹랑한 마음까지 들었다. 오늘 같이 이렇게 꽃잎에라도 불어 주는 바람을 고마워하고 감사할 줄 알아야 되는 것을 바람에게 괜한 오해로서 보답하는 것은 아닐까 하면서 바람은 기압의 변화에 따라 일어나거나 사람이 일으키는 공기의 흐름과 속이 빈 물체 속에 넣는 공기라고 하지 않던가.

이렇게 공기의 흐름과 기압의 변화에 따라 같은 곳에 있더라도 바람의 차이는 있는 것 같은 마음을 오늘에야 이해하여 본다.

다시 생각할 여유를 가져보면 바람이 불어오는 방향이 위아래가 다를 수 있겠다 싶었다. 첩첩 산골 마을은 복더위에 처지기 마련이나 투명하고 맑은 옥잠화 꽃잎이 벌어지면 더위가 주춤하는 듯 싱그러운 느낌에 휩싸였다. 그 광경에 그 빛깔에 넋을 놓고 바라볼 즈음 바람이 그것도 우듬지 달린 꽃잎에 사뿐 지나간다. 태풍이 몰아칠 때면 과수원의 사과나무가 뿌리째 흔들리는데 연한 꽃잎에서는 그렇게도 나긋나긋한 바람이라니 연유를 알 수 없다.

가지 많은 나무에 바람이 잦은 것은 나무의 오랜 연륜을 말해준다. 크고 장한 나무일수록 바람은 거세다. 태풍도 맞받아 견딜만한 아름드리나무라는 걸 드러내지만 한편 작고 조촐한 것은 과히 바람을 타지 않는 걸 보았다.

나도 그렇게 단아하고 조촐한 삶의 춤사위로서 아름답게 일정하게 움직여 준다면 바람도 크게 불어가지는 않을 것 같다. 똑같은 나무에서도 높은 가지가 더 바람을 타는 것처럼 내 처해 있는 상황에 따라 바람의 세기와 풍력이 달라지는 폭이 되지 않을까. 바람은 똑같은데 불어가는 여건 즉, 골짜기냐 평지냐 하는 점에 따라 달라진다면 바람을 탈 수밖에 없는 저마다의 상황은 조절하기 나름인 것 같다. 바람을 피할 수는 없으나 더 적게 받을 여지는 있다. 정면으로 맞받는 경우도 있고 숙이면서 피하는 방법도 있으나 그 이전에 바람을 덜 타기 위한 방법을 찾아야지 싶다.

지금 이 나뭇잎이 모두 져 버린 것도 바람을 덜 받는 구실이 된다. 일례로 겨울에 부는 북풍과 높새가 가장 센 바람이라고 할 때 잎이 그냥 남아 있었다면 강도는 훨씬 높아진다. 운명의 바람 역시 갈수록 세차진다고 할 때 나이가 들면서 가진 것을 하나 둘 내려놓아 홀가분해졌기 망정이지 그렇지 않았더라면 잎을 단 겨울나무가 바람에 더 시달리는 것 같이 늘 힘들었을 것이다.

누구를 막론하고 바람을 피할 수 없다면 적게 타는 방법을 모색하는 게 삶의 지혜로 느껴진다. 가능하면 내려놓는 게 최상이다. 더불어 억센 나무보다는 나긋한 꽃잎에 바람이 덜 불듯 내 삶의 품격도 완화시키면 바람이라도 훨씬 부드러워질 것이다. 지금까지는 어쩔 수 없이 거센 바람에 시달렸어도 앞으로나마 향기로운 바람을 주변에 잡아 두어 높고 깊이 있는 바람의 춤사위처럼 살고 싶다.

가을 바람소리

"낙엽 밟으러 오라고 했는데…."

무심코 그 말을 내뱉은 건 낙엽을 쓸고 있을 때였다. 뒤란 장독대 옆에 감나무 잎을 쓸다가 그렇게 중얼거렸던 것이다. 그리고 또 다른 사단이 벌어진 거라면 지붕 위에서 낙엽을 긁어내리던 남편의 말이었다.

"시골에만 낙엽이 있는 줄 아남? 서울에도 얼마든지 떨어질 테니까 걱정 마."

퉁명스러운 말이 내심 야속하기만 했다. 부드러운 말로 '올해도 연락해서 오라고 해.' 하면 얼마나 살가운 대화가 이루어질까 싶은 생각뿐이다.

하지만 나는 곧 그 마음을 털어버렸다. 평생을 같이 살면서도 이렇게 말 한마디 어긋날 때가 많지만 가을의 정취를 생각하면 그런 걸 담아둘 여유가 없는 것 같다. 여름내 무성했던 잎이 가을 바람에 묵묵히 자리를 내 주는 계절의 변화를 받아들이고 나면 그런 생각부터가 유치하리만치 생각 없어 보이는 이 마음을 지우고 싶다.

해마다 가을이면 몇몇 친구를 불러 낙엽을 밟는다. 남편의 말마따나 낙엽이 어딘들 떨어지지 않을까마는 우정 함께 모여서 밟을 때마다 새삼 가을을 느끼곤 한다. 거둘 것 다 거두고 난 뒤 시작된 찬란한 단풍도 얼마 후에는 낙엽으로 떨어지고 바로 그것을 밟으면서 조락의 계절을 다시금 돌아본다. 구태여 낙엽을 밟지 않아도 단풍이 들면서 시작되는 만추의 서정은 누구나 한번쯤 느끼는 정서지만 떠나는 가을이 아쉬워 택한 우리만의 조촐한 행사다.

가을이 되면 바람소리부터 달라지는 것도 그때 비로소 알았다. 여름의 바람이 눅눅하고 처진 느낌이라면 가을의 그것은 설렁설렁 하는 게 나뭇가지를 훑고 지나가는 기색이다. 그렇게 귀 기울이고 있노라면 스치는 나뭇잎마다 각기 다른 소리를 내고 있음을 알게 된다. 시골에 살다 보니 그리고 연년이 우정 낙엽을 밟다 보니 철이 바뀔 때마다 감지할 수 있게 되었다.

이를테면 백로를 전후한 초가을 바람에서는 마른 삭정이 같은 소리가 들렸다. 생각하니 그럴 만도 한 게, 벼는 물론 콩이며 팥이 튀어나갈 정도로 익기 위해서는 축축한 바람으로는 곤란하다. 바스락 소리가 나도록 익어야 말리는 번거로움도 덜하고 그래서 부지깽이가 덤벙대도록 바쁜 가을 일이 줄어들게 된다.

얼추 곡식을 거두고 나면 단풍이 지고 늦가을 낙엽이 날릴 때는 또 사정없이 날려 보내야 하기에 바람도 갈수록 차가워진다. 지금 이 엄청나게 쌓인 낙엽만 봐도 그렇게 바람이 불지 않아 날리지 못하고 쌓이게 되면 주변이 온통 낙엽에 뒤덮일 것이기 때문이다.

낙엽 질 무렵에는 생각나는 이야기도 많다. 바람에 나뭇가지가 뒤집히면 비가 올 확률이 높고 까치가 나무 꼭대기에 집을 지으면 흉년이 진다든지 하는 것 말이다. 그 외에 도토리가 들판을 보고 열린다는 말이 있다.

벼가 흉년이면 도토리가 많이 달리는데 쌀 대신 그것으로 연명하라는 뜻일 게다. 비록 흉년은 들었다 해도 도토리로나마 푸지게 달리고 그것으로 곡기를 이어갈 수 있다는 건 얼마나 절묘한 이치인지 모르겠다.

점심을 먹고 난 후에는 집 뒤에 있는 언덕에 올라갔다. 둔덕에 몰려 핀 억새와 감국을 한 아름 따 가지고 왔다. 들국화 역시 향내가 좋다고 해서 한 아름 꺾어 가방에 챙겼다. 수확도 수확이지만 꺾을 때의 조촐한 기쁨은 아무도 모를 것이다.

차(茶) 얘기가 나왔으니 한마디 해보고 싶다. 차는 그 해에 만든 게 좋고 보관도 냉동이 좋다고 한다. 맛을 우려 낼 때도 세 번까지 괜찮은 게 그만큼 깊은 맛이 있다는 뜻일 게다.

감국을 쪄 보면 찹쌀가루를 묻힌 것 마냥 윤이 난다. 감국에는 또 벌이 많이 들러붙었었는지 별나게 윤이 나는 것 같다. 생각에 벌이 꿀을 묻혀 놓은 것 같이 보인다. 한 번 쪄 보면 흐뭇한 마음을 감출 길이 없다. 보자기를 깔고 쪄내는 동안 창밖에는 감나무 잎이 함석지붕과 바닥에 수없이 떨어진다. 어느 누구의 발자국소리인지 모르는 것처럼 이 가을의 바람소리 여운은 그렇게 끝없이 퍼지고 있다.

돌아보니 종일 가을의 냄새에 묻혀 지냈나 보다. 낙엽을 쓸고 이어 향긋한 가을 잎을 쪄 냈으니 떠나는 가을이 온통 내 것인 양 뿌듯한 마음이다.

일엽지추(一葉知秋)

낙엽이 온통 산을 뒤덮는다.

산등성이 단풍나무와 뒤뜰의 은행잎이 노랗게 물들더니 그새 낙엽으로 떨어진다. 아침에 일어나 마당이며 툇마루에 수북이 쌓이는 낙엽을 보노라니 다 두고 떠나는 조락의 계절이 새삼스럽게 다가온다.

이제는 가을을 보내려고 소리 내어 겨울을 부르는지 엊그제 물들어 있던 것이 떨어지는 모습에서 생의 한 단면을 보는 것 같다.

툇마루에 앉아 산마루에서 능선까지 뻗은 붉은 산을 바라보노라니 한없이 외로운 가을이 느껴진다. 우리 늘 가을을 조락의 계절이라 하면서 외로움을 느끼지만 우리보다 기실은 가을이 더 외로움을 느끼게 되는 것이다. 괜스레 가슴이 답답하고 문득 일어나 붉은 산을 헤매고 싶은 마음에 마당을 서성이고 있다.

찰박이는 물소리에 개울로 나섰다. 징검다리를 건너가니 숲속 어름에 붉게 물든 단풍나무가 있고 나무 밑에도 풀이 다보록한데 그중 노랗게 물든 낯선 풀잎이 햇살에 반짝인다. 물속을 들여다보니 수많은 피라미가 헤엄을 치고 있는데, 흔들리는 물살에 떼로 몰려다니는 것이 어릴 적 고향 앞바다의 해초 더미를 헤집고 다니는 물고기들과 흡사했다.

언제나 살아가는 것에 연연하다 보면 봄이 오고 여름 지나고 더위가 물러나는 끝자락을 보고서야 가을의 문턱에 들어선다. 막 가을 내음에 취하나 싶으면 어느 결에 계절은 물러날 채비를 한다. 스산한 기운이 감돌 때면 늘 아쉽고 일엽지추의 뜻이 다시금 새로워지는 것을 느낀다.

발끝에 닿는 낙엽이 나의 살아온 날들에, 살아야 할 날들에 대한 부끄러웠던 마음과 희망을 소리 내어 보내주고 안겨주는 것 같아 마냥 걷고 또 걷는다.

낙엽을 헤집고 다니다 보면 응답을 해 주는 듯 생각의 문을 열어 주는 것을 느낄 수 있다. 각각의 소리로서 울림을 준다.

수평선이 바라보이는 바닷가의 언덕과 완만한 산 능선이 어찌 같을까마는 육십 후반의 지금 물들기 시작하는 풀덤불을 헤쳐 보는 마음은 바구니 하나 들고 창칼로 바위 표면을 긁어대는 어린 소녀의 마음 그대로다.

지금 내 나이가 단풍의 시점은 훨씬 넘어섰으나 어쩌면 나는 바닷가 바위에 붙어 있는 수많은 따개비의 단풍 아닌 단풍을 보고 이미 살면서 피해 가지 못할 조락의 느낌을 어렴풋이나마 받은 것 같다. 이파리 하나를 보고 온 세상의 가을을 보듯 어릴 때 무심코 지나친 단풍의 여운에서 지금처럼 어언 세월이 가 버리고 뒤미처 물드는 단풍처럼 황혼에 접어든 그것 말이다.

눈을 드니 현란한 단풍이 물결처럼 밀려온다. 늘 그랬듯이 자연 앞에 서면 마음이 풍요로워진다. 얼마 후 가랑잎으로 날린다 해도 지금은 더없이 고운 그것만을 봐야 할 것 같다. 자연 앞에 더 많이 숙이고 겸손해야 하리라. 단풍과 낙엽을 보고 서글퍼지는 것은 당연한 일이라 해도 그보다는 나름대로 아름다운 자연의 모습을 그리고 의미를 부여하며 사는 참다운 삶을.

정동진

오늘은 강원도에 있는 정동진에 가는 날이다. 눈부시게 빛나는 5월 첫째 월요일, 열세 명의 마을 아낙네들은 일제히 트럭과 승용차에 나누어 탔다. 일단 충주 기차역으로 가서 강원도 행 열차를 타기 위해서였다.

새벽이슬을 맞으며 황토 먼지 날리는 들길을 지나 자동차 전용도로에 진입했다. 고급 승용차로 갔으면 더 으쓱대는 여행이었겠지만 얼마 후 기차로 갈아 탈 것을 생각하면 마음이 절로 상쾌해진다. 개인적으로 여행이라면 기차여행을 최고로 생각하기 때문이다.

우리 마을에서 충주까지는 3~40분 걸린다. 출발하자마자 온통 재잘거리는 목소리에 정신이 하나 없다. 어린이들의 소풍가는 모습과 흡사하다. 아무리 기차로 갈아탄다 해도 6인승 트럭이라 불편할 텐데 집을 떠나는 것만 홀가분한지 모두들 행복에 겨워 보인다. 따사로운 봄기운을 마시며 파란 하늘과 싱그러운 햇빛에 빠지다 보니 어느새 충주역이다.

항구에서 가까운 거리에 세계에서 바다와 가장 가까운 역으로 기네스북에 올라 있는 정동진역에 도착했다. 해돋이 열차가 운행되면서 유명한 관광명소로 떠오른 바로 그 역을 우리 일행은 다시 모래사장을 어린 아이들 마냥 부풀어 있는 가슴을 가눌 길 없이 걷고 있다.

우리는 약속이나 한 듯 무작정 걸었다. 어디라고 딱히 정해 놓지 않고 걷는 데는 실제 망망대해가 바라보이는 해변이 적격이라고 생각하는 마음이 제법 시적이다. 정동진(正東進)이라는 지명이 나온 것 또한 경복궁에서 동쪽으로 곧장 가면 된다는 뜻이기도 했기에 더 그랬나 보다.

교통이 불편해서 막연히 의존한 거라고 볼 수도 없는 게, 그래서 오히려 더 정확한 지리적 감각을 터득한 것이 아닐까. 옛날에는 높은 건물도 별로 없었을 테니, 지대가 높은 강원도에서도 유독 높은 산에서는 어렴풋하게나마 서울이 보일 법했고 그로써 측정도 가능했을까.

터무니없는 추측일지 모르나 그렇게 생각하는 마음이 딴에는 즐거웠다. 곧장 간다는 뜻의 정동진은 즉 지금의 고속도로 코스와도 어지간할 거라고 여기며 한 시간은 걸었을까 문득 시장기가 몰려온다. 얼마 후 식당을 향해 가니 앞서 간 동무도 거의 다 모였다.

자리를 잡고 앉으니 푸짐하게 차린 회와 매운탕이 꽤나 먹음직스럽다. 식사가 끝난 뒤 역 벤치에 앉아 푸른바다를 바라보며 자판기 커피를 마시는 여유가 오늘따라 무척 소중하다. 비싸기는 해도 같은 값에 좀 더 푸짐하게 먹을 수 있는 것 때문에 가끔 그렇게 찾아오는 것이 아닐까.

점심을 먹고 난 뒤에는 해변 모래사장을 따라 걸었다. 작은 해수욕장과 모래시계 공원이 있는 곳에 이르자 모두들 찰칵 한 컷 찍고 낭만을 담는다. 흰머리와 검은 머리가 뒤섞인 머리카락을 바람에 날리는 아낙네들의 모습이 물새가 있고 파도가 밀려오는 바닷가의 풍경에 어울려 참으로 낭만적이다. 나이와 함께 갈수록 쇠잔해지기는 하나 가끔 이렇게 바닷가를 찾으면서 아쉬움을 달랜다. 달랑 하루 코스라 해도 잠시 생활을 접고 소풍이나 온 것처럼 깔깔대노라니 누적된 피곤도 거짓말처럼 사라진다.

정동진 하면 철로와 바다가 함께 보이는 역사 모습에서 그윽한 고즈넉함이 넘친다고 하는데 그 위에 일행이 걸어가는 모습이 겹쳐 보이니 당연한 일이었다.

해거름이 되자 돌연 피곤이 몰려온다. 일몰을 바라보는 게 더욱 감상적이었다. 정동진 하면 일출을 보러 가는 게 다반사나 하루 코스로 나온 만큼 일출은 생각지도 못했으나 지는 해에서 내일 아침 뜨게 될 태양을 그려보는 것도 하나의 추억으로 볼 수 있었다.

설레는 광경은 즉 산속으로 거침없이 떨어지는 태양에서 비롯된다. 비록 일출은 느껴보지 못하였어도 아침을 위해 지는 해가 그처럼 거리낌 없이 가라앉는 건 아니어도 하늘과 바다가 하나 되는 순간에 오늘이 물러가고 어둠이 짙어지는 그로써 내일이 만들어진다.

돌아오는 기차 안에서 보는 노을은 그렇게 많은 감회를 자아냈다. 모두가 보는 정동진의 일출 또한 어둠을 맞아 하루를 정리하는 쓸쓸한 마음이 만들어내는 신비경은 아닌지. 새삼스럽게 일출은 아니어도 매일 매일 뜨는 태양에 우리 그처럼 소망을 걸면서 힘든 날을 견딜 수 있는 에너지를 창출하는 게 아닐까.

우리 혹 겪게 되는 어려움과 절망도 지금 저 지는 태양이 온전히 자기를 가라앉히면서 하루를 열어가듯 오히려 좋은 결과로 이어지는 건 아닌지 모르겠다. 어둠은 누구나 싫어하지만 그게 없다면 밝음에 대해 그렇게 절박한 심정일 수는 없다.

어둠이 겹쳐질수록 즉 더 이상의 암흑을 채색하지 못할 때 새벽은 밝아오고 우리 늘 설레는 일출이 시작되는 것은 살면서 절대적 소망으로 품음직하다. 우리 그런 마음이면 사는 게 별반 힘들지 않은 것처럼 아울러 보다 깊이 가라앉은 채 내일을 기다리는 태양이 빛나는 한 밤은 결코 어둡지만은 않을 것이기에 오늘 이렇게 고즈넉한 기차여행을 즐겨본다.

제비, 둥지를 틀다

제비 한 쌍이 처마 밑에 둥지를 틀고 있다.

자그마한 새가 날쌔게 먹이를 물어 나르는 걸 본다. 시골동네다 보니 환경 덕분에 먹이가 더욱 풍부한 것 같다. 날아다니는 새들 특히 제비에게는 더욱 논에서의 비옥한 땅에서 벌레들을 물어 올리는 모습이 무척이나 풍요롭다.

따뜻한 봄날 낡은 집을 보수하는 모습을 보노라니 여느 건축가의 모습 그대로인 것으로 비쳐진다. 우리의 모든 건축 기술도 자연에서 보고 응용한 것이라 한다.

널리 알려진 샌프란시스코의 금문교 역시 방사형으로 뻗어나간 거미집에서 본떠 지은 것이라고 한다. 최근 나온 건축 공법인, 고층건물일수록 약간 흔들리게끔 짓는 것 또한 나무는 흔들려도 오히려 탄력성 때문에 우듬지의 까치집 등이 무사한 것과 같은 맥락이라 한다.

엊그저께는 또 다른 가족으로 보이는 제비가 행랑채 처마 끝에서 또 다른 집을 짓고 있다. 오래전부터 거기 있던 집이 텅 빈 것을 보니 제비들 역시 각자의 집이 따로 있는 듯싶다. 남의 집은 엿보지도 침범하지도 않는 묵계가 있는지 그 옆으로는 얼씬도 하지 않는다.

그 다음에는 새끼를 품는다. 집이 다 완성된 어느 날 제비 한 마리가 계속 앉아 있는 게 암컷이 알을 품고 있었다. 토방에 올라서 살짝 엿보니 새끼 다섯 마리가 보인다. 모든 날짐승과 인간이 하나의 동물로서의 구분에서 인지능력과 생각이 앞서 인간으로 분류되는 걸 보니 오늘 이렇게 생각 없어 보이는 제비는 또 다른 모습의 영리한 새로 여겨진다.

짝짓기가 끝나고 새끼를 낳을 듯하면 흙과 짚을 물어 와서 열심히 기소를 하여 튼튼한 집을 지어 암컷이 집안에서 가족을 만들기 위하여 웅크리고 있는 동안 수컷은 부지런히 암컷에게 먹이를 물어다 준다.

얼마 후 새끼들이 태어나면서 그때부터는 암컷과 수컷 모두가 새끼에게 먹이를 물어다 먹인다. 노란 부리로 지지배배 소리를 내며 잘 키우는 것을 보면 참으로 영특한 제비로서의 지혜로움에 감탄할 수밖에 없다.

혹여 집을 자그맣게 지었는데 새끼를 여러 마리를 볼 때면 어미는 좁은 공간에서 다 기를 수는 없다 싶은지 그중 약하고 시원치 않은 새끼를 포기하는 듯싶다. 한번은 제비새끼가 떨어져서 버둥대기에 화판에 얹어서 살그머니 넣어 주었더니 그 후부터는 탈 없이 지내는 것 같았다.

하지만 얼마 후에 보니 이번에는 마루 끝에 떨어져서 움직이지도 못하고 있다. 부리나케 지으려니 작을 수밖에 없었을 테고 그에 비해 너무 새끼가 많아서 그리 된 게 안타깝기만 하다. 살아 숨 쉬는 새끼는 모두가 귀엽다.

제비새끼 역시 앙증스럽기로 말하면 그 무엇에 비교될까 마는 어미 역시 인간과 달리 판단 능력이 부족하리라 여겼는데 새끼 돌보는 것은 그 어느 인간으로서의 부모역할과 진배없었다. 처음부터 약하고 가망 없다 싶으면 아예 포기하는 모습에서 무지와 능력을 무시하였던 것이 부끄럽기까지 한 날이었다.

개중에 건강하게 태어났으면 그 환경을 이겨 냈으련만. 어미 제비는 인간에게 해로운 벌레와 잠자리 같은 곤충을 먹일 때면 길게 늘어진 것을 먹을 수 있을 정도로 잘라서 여러 번 나누어 먹인다. 먹을 것에 대한 무리함을 염두에 둔 것 같았다. 이렇게 물어다 잘 거두는 것을 보면 흐뭇함과 잃었을 때의 안쓰러움이 교차한다.

제비의 한 살이를 지켜보노라면 느끼는 게 많다. 하기야 처마 밑은 늘 지푸라기와 오줌똥으로 지저분하고 파리까지 꾀어드는 바람에 항상 신문을 깔아놓는 곤욕을 치러야 했다. 그럼에도 불구하고 감내하는 것은 차마 집 짓는 것을 방해할 수도 없거니와 한낱 미물에 불과하지만 자기가 살던 집을 정확히 알고 찾아오는 것 같아 신기하고 대견할 뿐이다.

지금 이 제비는 어느 제비인지 분간은 어려우나 벌써 몇 년째 우리 집을 찾아오는 듯하다. 우편물을 보낼 때 번지수까지 적어야 제대로 들어오는 걸 보면 먼 강남에서 찾아오는 제비가 마을까지 찾아오는 것만도 용하다 싶은데 우리 집에 틀림없이 찾아와 집을 짓고 가정을 이룬다는 생각에서다.

또 하나 잊지 못할 것은 늦가을이 되어 제비와 이별을 고할 때의 뿌듯함이다. 5~6개월 지나면 예외 없이 찾아온다고는 해도 그때는 섭섭한 마음이 들었다. 저 작은 게 수천리 길을 가야 되는 고단한 여정은 안쓰럽지만 다시 만날 것을 기약할 때의 마음은 그가 찾는 따스한 나라의 온기만치나 훈훈해 온다.

달포 전 여수 오동도를 다녀왔다. 서른여섯 개 섬으로 둘러싸인 한가운데가 오동도로 향하는 길이었다. 한려수도 해상국립공원으로 지정된 그곳에는 동백 등 울창한 희귀수목과 기암절벽이 눈을 끌었다.

배가 섬 가까이 이르자 수많은 갈매기가 뱃전으로 모여들었다. 몇몇 승객들이 과자를 던질 때마다 정확하게 낚아채는 걸 보니 우리 집 제비가 떠올랐다. 모든 새들의 낚아채는 방법은 똑같다는 것과 제비 역시 새끼를 위해 먹이를 물어 나를 때면 자식들을 양육하기 위함에 최선을 다하는 것으로 보인다.

그러나 단 한 가지 떨어진 새끼를 물어 올리지 않는 것을 보면 일찌감치 포기를 하는 것일까 안쓰러울 때가 있었다. 집을 지을 때 보면 현관 앞에 혹은 서까래 옆에 짓고 그럴 때는 누군가 지켜 주기를 바라듯이 눈앞에서 날아다닌다.

어미가 없을 때 혹 미완성으로 남아 있는 집에서 새끼들이 떨어질까 염려하는 기색이었고 나는 또 그것을 눈치 채고 있음을 보여 주고 싶은 마음에 그 앞에서 우정 채소를 다듬거나 책도 보면서 새끼를 위하는 따스한 정을 느끼곤 했다.

바람이 차다. 이제 어둠이 내리면 제비도 종일 고단했던 몸을 쉬면서 새끼들과 단란한 시간을 보내려는지 옹기종기 모여 있다. 이제 막 날갯짓을 시작한 새끼도 앞으로 날개가 여물면 어미와 함께 창공을 날아다니며 아름다운 세상을 열어가겠지. 그렇게 올해도 제비가 한 가정을 이루어 따스한 남쪽나라에 갈 때까지 잘 살 것을 기원해 본다.

빗속을 걷다

옷이 흠뻑 젖었다. 얼른 벗어 세탁기에 넣어야 하건만 무료한 마음으로 거울 앞에 한참을 섰다. 비를 맞으며 쏘다녔던 마음이 그저 설레던 생각을 하면서. 비만 오면 무슨 병처럼 도지는 버릇 앞에, 나 자신도 어쩔 수 없다는 생각이 문득 들었다. 가랑비에 옷 젖는 줄 모른다는데 그나마도 한나절 내 장대비 속을 헤집고 다녔으니 그 몰골이 오죽했으랴.

아침부터 비가 내렸었다. 바람에 가랑잎이 우우 몰려드는 시월 말이면 으레 철적은 비가 뿌리고 나는 또 습관적으로 빗속에 뛰어든다. 온몸으로 비를 맞으며 남은 가을의 자투리를 밟고 다닌다. 그래봐야 떨어진 낙엽뿐이지만 거기서 묻어나는 가을의 아쉬움은 낙엽 그 이상의 의미를 부여하는 것 같다. 남편의 걱정을 덜기 위해 나갈 때는 우산을 들고 나가면서 들어올 때는 바람을 핑계 삼은 것이다.

가을비는 이상하게 느낌이 온다. 소리가 들려오는 것이다. 바람에 잎이 날리는 기척을 가랑비로 착각을 하기도 한다. 이슬비나 보슬비 등이 소리 없이 내리는 것에 비하면 확실히 다른 면이 있다. 그래서 가을에 내리는 비를 가랑비라고 한다는 시적인 표현을 좋아했다.

그 때문인지 비만 오면 별나게 뛰어들고 싶은 충동이 일어난다. 낙엽이 날리는 요즈음의 가을비라면 더욱 제격이겠다. 닿기만 해도 섬뜩한 빗줄기 속을 한참 다니다 보면 옷과 머리는 물론 마음까지 젖는다.

누가 보면 어쩌나 싶은 걱정이 없지도 않다. 나야 스스로 좋아서 그렇다지만 보는 사람들은 그게 아닐 것 같은 생각 때문이다. 그렇게 비를 맞고 다니다 보면 자가용을 몰고 다니는 동네분들이 타라는 권유를 하기도 한다. 나는 또 버릇처럼 그것을 거절한다. 옷이 젖은 채로 남의 차에 올라탈 수도 없거니와 무엇보다 그냥 비를 맞고 싶은 생각이 더 간절한 것이다.

이런 나의 버릇은 어릴 때부터 비롯된 것이었다. 학교에서 돌아오다가 비를 만나면, 나는 우선 가방을 머리에 얹는다. 머리가 젖을 걱정보다는 그렇게 하면 방향감각이 더 뚜렷해지기 때문이다. 우산이 없어 낭패라는 생각은 전혀 들지 않는다.

비가 올 것 같으면 물론 우산을 준비해야 될 일이거늘. 그러나 그때는 우산이 귀했다. 우산이 흔했다 쳐도 내가 살던 강원도의 비에는 어떻게 할 수가 없다. 우산이 늘 준비된 상태라면 몰라도 툭하면 비가 오는 데는 역부족이었다는 말이다. 말짱하던 날씨가 고개를 다 넘기도 전에 벌써 비구름이 몰려온다. 이어 따스한 바람이 부는 것 같다 싶으면 어느새 후두둑 지나가는 빗줄기.

그래서 비를 더 좋아하게 된 것 같다. 비를 맞을까 봐 우산을 쓰기보다는 온몸으로 비를 맞는 게 더 좋아졌는지도 모르겠다. 어쩌다 오는 비라면 우산을 준비하겠지만, 그게 아니라 오히려 다행이라는 생각을 하기도 했다. 습관적으로 내리는 비와 그 속을 습관적으로 뛰어드는 가운데 나도 모르게 접혀진 생각의 한 자락을 펴 보기도 한다.

집에 올 때쯤이면 그야말로 옷이 흠뻑 젖는다. 그런 자세로 빗속을 달리다 보면 그야말로 비 맞은 생쥐 꼴이 된다. 집에 오면 신발은 부뚜막 신세를 져야 한다. 계집애가 옷을 적시고 다닌다는 꾸중을 듣기도 했다. 무차별로 퍼붓는 빗줄기를 지금 생각하면 온몸을 후려칠 때는 아픔마저 느껴졌다. 쏟아지는 빗줄기에 겁도 없이 뛰어든 것처럼 삶이라는 빗줄기에 나는 과연 얼마나 용감했는지를 돌아볼 때도 됐지 싶다. 아무래도 그게 아닌 것 같아 맥이 빠지기도 한다. 용감하게 뛰어들기는커녕 가랑비에 옷이 젖을까 봐 노심초사하지는 않았나 싶은 반성이 앞선다.

어렸을 적 서울에 연고가 없는 것을 감안하여 여자애를 바깥으로 보내지 못하시어 부모님이 염려하실 때에도 친구의 자취방을 삶의 기둥으로 삼을 만치 무작정 올라 왔다. 이력서 하나 달랑 들고 그저 앞뒤 가리지 않고 직장을 얻은 것을 감사하며 용기백배로 살아온 내가 아니었던가.

지금 나는 그때처럼 용감하게 빗속을 뛰어들지 않는다. 비가 오면 여전히 맞고 싶은 충동이 일어나고 실제 그렇게 하는 적도 있지만 어릴 때와는 확실히 다르다는 생각이 든다. 그런 생각을 하다가도 삶의 그것에는 어떻게 달라졌는가라는 과제에 몰두하게 된다. 그러다 자신도 모르게 이따금 소극적으로 변한 자신을 볼 때가 있다. 우산도 없이 맨몸으로 빗속에 뛰어들던 그게 삶의 그것에 연관된 것은 아니지만 그래도 전혀 무관하다는 생각은 들지 않았다. 빗속을 용감하게 뛰어들던 것처럼 삶의 그것에도 꽤나 용감했다고 생각해 왔는데 지금은 스스로도 어딘가 의기소침해지는 것을 세월 탓이라면 너무 과할까.

나이 탓으로 돌려버리기엔 어딘가 억지스러운 면이 있다. 무엇보다 마음자세가 문제이지 싶으니. 오르막이 다는 아니라는 것을 잊고 살았다. 오르막에 이어 내리막이 있다면 다시 또 오르막이 있음을 왜 몰랐나 싶다. 삶 자체를 한 번의 오르막과 내리막으로만 생각해 온 그게 커다란 오류였던 적도 있었다.

앞으로도 나는 비만 오면 겁도 없이 뛰어드는 것이 아니라 조심스레 준비할 것이다. 어릴 때 같지는 않아도 우산 같은 건 팽개치고 비를 맞으며 다니겠지. 사람들에게 흉을 잡혀도 말이다. 내가 좋아서 하는 일을 누가 막으랴 하는 그보다는 대책 없이 비를 맞는 그 과정에서 앞 뒤 가리지 않고 뛰어드는 자세를 배우는 허황된 느낌도 든다.

그렇게 막무가내로 덤벼드는 자세가 있었기에 한편으로 신중을 기할 줄 아는 자세가 형성된 것이라고 본다. 그게 걸핏하면 비를 맞으며 산 나의 철학이라는 조심스러운 단정을 내려 본다.

2부

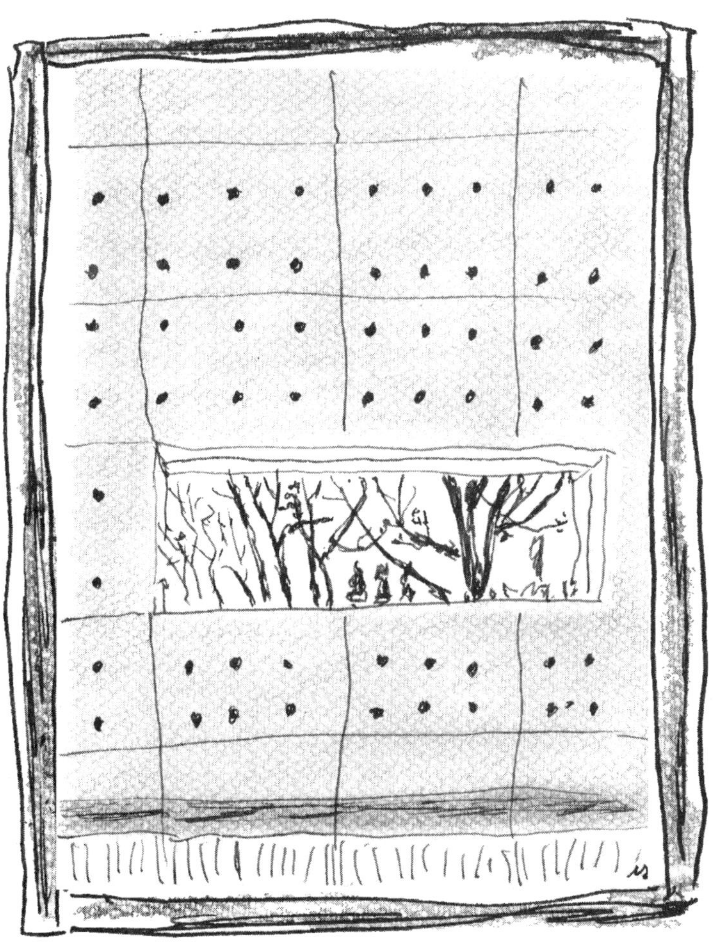

전원생활의 진면모는 풍경에만 있는 게 아니었다. 봄과 함께 싹튼 초록도 앙증맞은 모습과는 달리 겨우내 얼어붙은 땅을 비집고 나왔다. 이제 곧 만발하게 될 봄꽃도 예쁘기만 한 게 아닌 벌레에 파먹히고 봄볕에 그을리면서 필 것이다. 내가 추구해 온 전원생활 역시 완상하는 게 아닌 직접 그 속으로 들어가 손수 땀을 흘릴 때라야 그 진면모가 드러날 테니 그게 겉보기와 다른 세상이었다.

개미새끼 하나 없더니

가을이다. 하늘은 높고 말이 살찌는 계절이다. 수확의 시점인 가을은 무엇이든 풍성하다. 구름 한 점 없이 맑고 화창한 날 손자와 함께 시골의 장에 가는 마음은 결실의 계절인 가을만치나 넉넉하고 풍요롭다.

평소에도 딱히 어디라 할 것 없이 인근의 장을 습관적으로 다니곤 하였다. 장이라고 해야 이웃에 마실을 가듯 다니기 때문에 뚜렷이 무엇을 살까를 생각하지 않고 심심파적으로 다녔는데 오늘은 가다 보니 골동품 전에 이르렀다.

도자기와 뚝배기 등이 진열된 골동품전은 고풍적인 냄새가 다분하다. 붓도 하나 사고 싶고 숯불 다리미도 사고 싶다. 어릴 적 숯을 피워 넣고 다릴 때는 옷을 태울까봐 조마조마해서 참으로 불편하다고 생각했는데 편리한 다리미가 지천인 지금은 오히려 향수를 불러일으킨다.

문득 어디선가 "아유 저번 장날에는 개미 새끼 하나 없더니 오늘은 엄청 나구먼" 하는 소리가 들렸다. 무심코 돌아보니 고희를 막 넘기신 분들이 장 입구에 들어서면서 하는 말이다. 그분들도 나처럼 추석 대목을 보려고 친구들과 어울려 왔나 보다. 그보다 개미새끼 한 마리도 어쩌고 하는 것은 장에 사람이 많이 모일 경우에는 개미떼처럼 많다는 뜻이었고 실제 장꾼이 많을 때마다 그랬던 기억이 난다.

오늘은 개미 새끼가 아닌 일개미들이 많이 왔고 왕개미들이 지갑을 두둑하게 채운 뒤 차례 준비를 메모해 온 듯하다. 몇몇 남자 분들은 불콰하니 화색이 도는 게 이미 막걸리로 정을 나눈 듯 즐거운 표정이다. 그 모습에서 또 한 번 살아오신 바쁜 와중에서의 따뜻함이 엿보인다.

개미는 흔히 부지런한 사람의 대명사로 자주 쓰는데 장날의 복잡한 광경에 개미떼를 생각하는지 조금은 의아하지만 한편으로는 숫자가 많고 땅에 기어 다니고 등에 언제나 짐을 메고 다니는 것에서 눈에 자주 띄는 것에 비유 되지 않았나 싶다. 열심히 일을 하면서 규모 있는 살림을 이끌어나가는 모습이 그려진다.

개미나 꿀벌의 사회가 문화적 존재가 아닌데 반해서 인간의 사회가 문화에 속한다는 것은 문화적 현상은 오로지 상징적 규범에 의해서만이 이해 될 수 있다는 박이문 교수의 학설을 본 적이 있다.

개미와 같은 동물들은 나름대로 자신의 종에 속하는 개체들과 모여 하나의 떼를 지어 행동하는 만큼 인간이라는 종(種)과 마찬가지로 사회적 동물이라고 말할 수 있을 것 같다는 부분을 생각하면서 우리네 명절 대목장은 항상 북적대는 인파로 붐비지만 가을 특히 추석 대목장은 풋과일과 어울려 유달리 풍요로워 보인다.

얼마 전 마당에서 대여섯 마리의 개미를 보았다. 구석으로 이파리 몇 개가 흩어져 있고 자잘한 풀꽃이 피어 있는데 나뭇잎과 풀꽃 사이를 한가롭게 오가는 것이 소풍이나 나온 것처럼 여유롭게 보였다. 개미들도 열심히 일을 하고 하루쯤 날을 받아 저렇게 쉬며 에너지를 충전하는 것 같아 마음이 문득 따스해졌다.

그 즈음에는 농촌 마을인 우리 이웃도 약간은 한가로운 시점이었기 때문이다. 봄내 여름내 비 오는 날만 제외하고는 논밭에서 살다시피 바쁘게 지낸 농부도 추석이 가까워지면 일도 어지간히 끝나서 오늘처럼 장이 붐빌 정도로 나들이를 즐기면서 한가로운 시간을 보내게 된다.

그게 진정한 휴식이 아닐까. 늘 한가로운 사람은 모처럼의 휴식을 누릴 수가 없으나 녹초가 되도록 지칠 때는 그 휴식이 달콤할 수밖에 없을 것이다. 열심히 일할 때는 또 무심히 지나쳤어도 지금 이렇게 풍요로운 결실을 앞둔 시점에서는 뿌듯한 마음과 어울려 휴식 이상의 넉넉함이 배어나온다. 열심히 일한 후라야 즐길 수 있는 휴식의 특권을 보고 있다.

사과며 늦복숭아 등의 과수나무에는 과실이 주렁주렁하고 벼도 고개를 숙인 채 탐스럽게 익어가는 중이라 밤낮으로 애쓴 끝에 결실을 기다릴 일만 남았으니 가을만치나 넉넉한 마음이고 그래서 풍성한 한가위라 일컫는 것이 아닐까 싶다.

언젠가 문학회에서 관광해설사의 말에 의하면 뱀이 유독 개미를 무서워한다는 말을 들었다. 뜰에 봉선화와 채송화를 심으면 뱀이 마당으로 들어오지 않는다고 하는데, 이 두 꽃에는 개미가 좋아하는 진딧물이 많고 뱀이 개미를 싫어하는 요인이 됐다 한다. 작은 개미가 큰 뱀을 게다가 독까지 풍기는 상대를 이길 수 있다니 작아도 능히 살아가는 슬기를 지녔다 할 수 있다.

부지런하고 실속 있게 움직이는 모습을 은연중 큰 인간들이 배우고 느끼는 것도 같다. 동화에서 보면 부지런히 겨울 준비를 하여 따뜻한 겨울을 편안하게 보낸다고 하지 않던가. 특별히 장날의 복잡한 분위기도 조상 대대로 거듭되는 가족 간의 우애와 조상을 숭배하며 차례 지내는 준비과정이다. 이 모두가 커다란 우애다짐이 아닌가 싶다.

크게 갖고 배불리 먹는 것보다 말 한마디라도 서로 베풀고 건네는 게 남다른 느낌이다. 땅 속이나 썩은 나무 등걸에 집을 짓고 집단적인 생활을 하면서도 화해와 은혜로 사는 게 그 습관인 개미처럼 장날 풍경을 접하면서 모두가 풍성하고 건강하게 보냈으면 한다.

고추밭 이랑에서

해질녘이면 가끔 고즈넉한 분위기에 취하곤 한다. 들판이 결실로 점점 차오르던 그날, 여느 때처럼 저녁노을에 빠져 무심코 걷던 발걸음이 어느새 고추밭 후미 끝 이랑에 닿았다.

식량 고추와 풋고추로도 먹는다고 심어둔 게 가을이 깊어지면서 붉은 것을 죄다 따야 될 지경에 이르렀다. 가을에는 하다못해 쓰르라미 노래까지 여문다더니 심심파적으로 심은 여남은 포기 고추마저 저리 풍성하다는 생각에 마음이 넉넉해진다.

가을의 밭은 보기만 해도 풍성하지만 고추밭은 특히 더 그랬다. 끝물 고추라고는 해도 주렁주렁 달린 게 무척 탐스럽다. 눈이 시릴 만큼 푸른 하늘을 배경으로 붉은 고추가 잔뜩 매달린 모습이 어릴 때 심부름을 한답시고 툭하면 달려가던 바닷가의 고추밭과 여전했던 것이다.

어릴 적 우리 집에는 고추를 많이 심었다. 지금은 주로 텃밭에 심지만 옛날의 우리 집에는 산등성이에 그것도 약간 가파른 곳에 심었었다. 아침이면 어머니는 양념으로 쓰기 위해 고추를 한 탕기씩 다지셨는데 미처 따다 놓지 못한 날은 내가 그 심부름을 했다.

밭으로 가려면 오솔길을 한참 돌아가야 했고 다녀오면 이슬에 바짓단이 흠뻑 젖곤 했다. 그러다 보면 여지없이 미끄러지고 길섶의 풀이 정강이에 닿기라도 하면 빨갛게 생채기도 나곤 했으나 별로 싫다 하지 않고 자주 오가며 심부름을 했었다.

부랴부랴 올라가 보면 수많은 고깃배가 들어와 있지만, 대부분 갈매기만 오락가락하는 평화스러운 광경이 더 자주 눈에 띄었다. 파란 하늘을 두고 펼쳐진 바닷가의 전원 풍경은 금방이라도 손바닥 안에 들어올 것 같았다. 심부름이라면 질색을 하는 내가 고추밭에 가는 것을 꺼려하지 않은 건 나름대로 이유가 있었다.

그때는 물론 지금 보는 이 고추밭의 붉은색과 초록색이 어우러지는 산뜻한 조화는 변함없이 특이한 이미지로 남았기 때문이다. 여름 끝자락에 따서 말리는 게 큰일이었는데 마당도 비좁아 나중에는 지붕에까지 올라가게 된다.

그럴 때는 사다리를 타고 오르내렸고 그럴 때마다 맑은 하늘과 어우러진 붉은 색의 아름다움에 푹 빠지곤 했다. 하늘을 보다가 불현듯 마당을 바라보면 나를 중심으로 돌아가는 것처럼 어지러웠으나 그때부터 전원생활의 운치를 즐길 수 있었던 유일한 날들이었다.

지금 생각하니 어머니는 고추와 씨름하면서 가을을 보내는 걸 유일한 낙으로 여기신 것 같다. 해가 지면 밭에서 따 온 한 바구니 고추를 방에 쏟아놓고는 하나하나 분리한다. 굵고 단단한 것은 동치미에 들어갈 지고추용이고 반듯하고 단단한 것은 간장에 삭힐 것들이며 그 외에 자잘한 것들은 밀가루를 묻혀 찔 것들이다.

다음날이면 밤을 도와 정리한 것을 부엌으로 옮겨 소금물에 넣는가 하면 꼭지를 반듯하게 따서 간장 그릇에 넣고 일변 쪄서 말리기도 하신다.

내가 붉은 색과 파란색의 배합을 좋아하는 건 그 때문이지만 가을이면 분주하게 지냈던 어머니를 생각하면 죄스러운 마음이 앞선다. 지금 내가 하는 일이 엄마의 그것에 비하면 소꿉놀이

정도에 지나지 않는 것도 마찬가지였다. 고추를 따면서 주변 경관의 어울림을 생각하는 것도 집 안팎을 바람개비처럼 돌며 바쁘게 지내던 어머니에게는 전혀 못 미치는 탓이다.

어머니는 지금도 가을만 되면 고추를 다듬으며 소일하신다. 김장철이 가까워지면 양지쪽에 앉아 수십 근 고추를 손질하고 다듬는다. 그 일이 끝나면 이웃집에서 얻은 풋고추를 갈라 밀가루를 묻혀 찌기도 한다. 예전처럼 잘 먹는 사람도 없는데 뭘 그렇게 하시느냐고 해도 막무가내다.

그걸 보니 어머니에게 있어 먹고 안 먹고는 실상 중요한 게 아니라는 생각이 들었다. 가을이면 어머니는 그저 습관적으로 고추에 연연하는 것을 안다. 이제는 기력이 없어 무슨 일이든 끝까지 할 수 없는 연세지만 고추만큼은 다부지게 다듬고 손질하는 데서도 그게 느껴진다.

하기야 나도 어머니처럼 일일이 다듬어 삭혀서 간장 고추를 만들고 더러는 가루 묻혀 찌기도 하면서 한동안 분주하게 지내고 있다. 바쁜 세상에 누가 그것을 일일이 먹을까마는 나도 무의식중의 일로 시간을 보내는 버릇이 몸에 배었는지도 모르겠다. 지금은 기력이 떨어져서 그런 일은 엄두도 내지 못하는 어머니 대신 내가 그 일을 하면서 어릴 적의 향수를 달랜다고나 할지.

어지간히 따고 보니 주위가 어둑해졌다. 어둠의 신호를 보내기나 하듯 노을이 지고 이어 군청색 하늘에 빨갛게 번져가는 구름도, 다닥다닥 붙어있던 붉은 고추의 모습도 그대로라는 생각을 하며 어스름에 둘러싸인 집으로 향했다.

골 방

세상이 온통 하얗게 빛나는 3월의 설경이다. 봄이 벌써 동구에까지 찾아온 그때 난데없는 폭설이 내렸다. 겨울에도 눈이 올 때는 다들 아름답다고 할 것이나 봄이라고 생각할 즈음에 내린 춘설은 따스한 봄 속에서 두어 발짝 물러난 겨울을 완상하는 것 같은 색다른 느낌이었다.

그러나 기습 폭설로 피해를 입은 사람들을 생각하면 마음 한편이 무겁다. 특별히 일찍 하우스 재배를 시작한 사람들의 피해가 많다고 했다. 모종을 뿌린 뒤 어지간히 자라 이제 본밭에 옮겨서 가꿀 참인데 도시에서는 뉴스에서만 보던 것을 실제로 보고 있을 때 지붕에 쌓인 눈의 무게로 엄청난 피해를 입었으니 그 심정이 오죽하랴 싶다. 풍경으로 보기에는 아름답고 경이로운 반면 실제 생활에서는 마음이 아파야 하는 양면성을 보는 것 같다.

처음 시골로 낙향할 때의 마음이 그랬다. 낮에는 텃밭을 가꾸고 밤으로 독서를 하면서 좋아하는 글을 쓰고 싶어 내린 용단이었으나 막상 내려 와 보니 그게 아니었다. 산골물이 톡 쏜다고 시골 인심 또한 푸근하지만은 않았다.

그림 같은 전원생활을 꿈꾸어 온 것은 아니었으나 생각보다 의외로 각박한 인심에 실망한 게 한두 번이 아니다. 텃밭에서 하는 일도 소일거리가 아닌 작업으로까지 생각될 때는 짜증스러울 때도 많았다.

그럴 때마다 들어가서 마음을 가라앉힌 곳이 다름 아닌 골방이다. 집을 수리하면서 보일러실과 다용도실 사이의 빈 공간이 남아 잡동사니 나무들로 쌓여 있는 것을 남편에게 나만의 공간을 만들어 달라고 했다. 아주 작은 방이었으나 웃풍도 없고 작은 만치 또 아늑하다. 부엌과 가까워 설거지를 하다가도 시선이 가는 곳에 책꽂이와 탈춤을 배울 때 쓰던 장고, 북, 꽹과리 등을 걸어 놓았다.

서예 몇 점도 걸어놓고 몇 해 전 큰 맘 먹고 구입한 탈춤 도

구는 천가방에 둘러놓았다. 구석에는 또 오래된 축음기와 전축도 놓고 좋아하는 음악도 들으니 딴에는 '금상첨화'가 아닐 수 없다.

골방에 들어가면 생각이 많아진다. 아늑하고 차분한 까닭인지 들어만 서면 자신도 모를 위압감에 사로잡힌다. 다리를 뻗고 누우면 뿌듯하게 차는 좁은 방이 나를 그렇게 압도하는 것이다. 의외였다. 크고 넓은 공간의 허허로운 분위기보다 좁은 곳에서 느끼는 게 더 애틋했다.

창문을 열면 장독대가 보인다. 옛것에 유달리 애착이 많은 나는 항아리를 보면 그냥 지나치지 못하고 집으로 가져온다. 버려진 것까지도 주워 오기 때문에 장독대는 그야말로 항아리로 꽉 찼다.

장독은 우리 어머니들의 아지트라 할 것이다. 특별히 친정어머니는 장독을 무슨 방처럼 쓸고 닦고 하셨다. 마늘쫑을 뽑아와 아버지 주신다고 고추장에 박기도 하시는데 참 맛있었다. 학교에서 돌아오면 배고픈 마음에 밥 한 그릇 들고 장독에 올라가 항아리 뚜껑을 열고 맨손으로 긴 마늘쫑을 훑어 내려서 밥에 얹어 먹던 맛을 어찌 잊을 것인가.

비록 근사한 양옥집은 아니지만 나만의 공간 골방이 있기에 행복하다. 바로 이 자연과 함께 작은 골방에서 내 작은 행복은 순간순간 탄생하고 있다. 오늘도 몇 자 적어볼까 심호흡하고 있노라면 창 밖 밤나무, 소나무, 감나무에서 재재거리는 참새 소리에 창문을 열었다.

이제 막 봄기운에 뒤덮인 풍경이 눈앞 가득 펼쳐진다. 얼마 후에는 텃밭의 민들레도 활짝 필 것이다. 그 너머 밤나무, 소나무, 감나무에서는 새들이 몰려 와 재재거리고 그럴 때마다 하늘은 더욱 푸르러질 테니 생각만 해도 가슴이 뿌듯하다.

전원생활의 진면모는 풍경에만 있는 게 아니었다. 봄과 함께 싹튼 초록도 앙증맞은 모습과는 달리 겨우내 얼어붙은 땅을 비집고 나왔다. 이제 곧 만발하게 될 봄꽃도 예쁘기만 한 게 아닌 벌레에 파 먹히고 봄볕에 그을리면서 필 것이다. 내가 추구해온 전원생활 역시 완상하는 게 아닌 직접 그 속으로 들어가 손수 땀을 흘릴 때라야 그 진면모가 드러날 테니 그게 겉보기와 다른 세상이었다.

공존(共存)

먹구름이 하늘 가득 끼었다. 바람이 불면서 봄 날씨 특유의 미세먼지로 뒤덮인 하늘이 일순 말개졌다. 손끝에 닿는 시원한 바람에 문득 청량함이 다가오면서 싱그러운 봄기운이 다보록한 풀처럼 물씬 피어오른다.

바구니와 창칼을 들고 집을 나섰다. 엊그제 비가 내리고 난 뒤 고사리가 우긋하게 올라왔을 것 같아 집에 그냥 있을 수가 없었다. 검은 얼굴 더 이상 그을지 않게 모자를 눌러 쓰고 장화 속에 바지자락 집어넣는다.

밭둑에는 쑥이 벌써 길같이 자라 늘씬한 키를 한껏 뽐내고 있다. 이름 모를 들꽃 몇 송이는 지는 것이 안타까운 듯 뽀얗게 휘날린다. 산자락에 있는, 뉘신지 모를 어른의 산소를 향해 마음속으로 인사를 드려본다.

산소 옆에서 자라는 고사리를 꺾으며 어찌하여 고개 숙이고 있을까 생각하며 뚝뚝 꺾는 손가락에 고사리 손이 잠긴다. 아! 이것이 고사리 반지야. 자연이 만들어준 반지는 소박하지만 느낌이 싱그럽다.

그러나 부드러운 고사리 손은 나의 굵은 손가락에서 오래 견디지 못한다. 비록 보잘것없는 나물거리지만 인간에 유익함을 주는 고사리의 일생이 달리 느껴진다.

내게도 인내와 선행으로 산자락의 풀들에게도 자비를 베풀 수 있는 가르침을 받고 싶다. 산소가 없는 평평한 곳으로 가서 잔대와 취나물을 뜯고 있노라니 갑자기 무서운 생각이 들어 뒷걸음 칠 때 개구리란 놈이 풀숲에서 뛰어 나왔다. 언젠가 부엌에서 녹색 등에 검은 줄이 간 뱀이 뒤뜰을 소리 내어 가는 것을 유심히 쫓아보았더니 뜰 높은 곳에서 힘차게 뛰어 개구리를 반쯤 삼키고 있지 않은가.

소스라치게 놀란 마음 억제하며 멀찍이 서서 쳐다보니 곧바로 불룩한 뱀의 배가 눈에 들어왔다. 먹히는 개구리와 배부른 뱀을 보며 이것이 바로 자연과 모든 현상계의 자연스러운 먹이사슬이라고 생각했다.

아니 나물을 뜯는 평화로움과 상반되는 절박한 생존경쟁을 보는 것 같다. 세상은 가끔, 눈에 보이는 상황과 전혀 다른 이변이 속출하는 것 같다.

어릴 적, 고향의 바닷가에서도 그와 비슷한 풍경을 보았다. 이따금 바닷가를 지나노라면 집채 같은 파도가 밀려오곤 하는데 그럴 때 불쑥 날아드는 갈매기 떼야말로 주변의 정경은 아랑곳없이 한껏 평화로운 이미지였다. 풀내음 싱그러운 오월 난데없이 벌어지는 절박한 상황도 있지만 바닷가처럼 어수선한 가운데 나타나는 흰 구름과 수평선 등의 아기자기한 평화도 있다.

어쩌면 그래서 진정한 평화가 자리 잡는 것은 아닌지. 뱀에게 먹히는 개구리는 늘 아찔해 보였으나 천적 관계의 그것처럼 먹고 먹히는 속에서 생태계의 리듬이 유지된다. 그러한 풍경도 볼 수 없이 잔잔한 모습이라면 숲은 그저 초록만 자랑하는 미미한 공간으로 남을 것은 기정사실로 여겨진다.

어릴 적의 바닷가 역시 성난 파도 없이 잔잔하기만 하면 물새가 날아오르는 정경은 오히려 무미건조할 수 있다. 바위를 집어삼킬 듯한 거센 파도가 있어 먼 수평선과 갈매기 떼가 지금까지도 한 폭 그림으로 남아 있었을 테니까.

언뜻 고사리 하나를 꺾어 손가락에 끼워본다. 금방 시들 것이지만 구부러진 줄기가 반지처럼 손가락에 그대로 끼워지는 게 신기했다. 길섶의 클로버 꽃을 여러 개 묶어서 꽃반지를 만들기도 했다.

공연한 설렘으로 잠깐 동심에 잠겨본 것이다. 고사리와 클로버 꽃반지를 끼고 내려오는 마음은 무척이나 한가롭다. 산자락 나뭇가지들도 햇빛에 반사되어 은색과 녹색으로 찬란하게 빛난다.

숲은 그저 따스한 햇살과 바람 싱그러운 초록으로 뒤덮여 있지만 가끔은 그렇게 가공할 일이 벌어졌던 것이다. 숲은 그렇게 푸르러진다. 햇살이 춤추는 그곳에는 약자의 눈물이 있고 더러는 승자의 웃음도 있을 것이다. 언젠가 본, 먹고 먹히는 긴장감 속에서 나는 또 노곤한 햇살을 받으며 고사리를 꺾는 나른한 봄날 오후를 즐긴 셈이다.

진정한 공존이란 더러 뱀과 개구리가 연출하는 정경 즉 쫓고 쫓기는 긴박감에서 형성된다. 부서지는 파도 속에서 깃 적시며 날아가는 갈매기가 푸른 하늘을 열어가는 것처럼….

나를 다스리는 날

올 추석은 예년보다 훨씬 빠르다. 여느 해 같으면 고구마도 캤을 것이고 뒷산에 있는 밤도 좀 주워왔을 텐데 올해는 그마저 튼실하지 못하여 아무것도 먹어 보지 못한다. 대추도 전혀 익지 않았다. 그렇다고 제사를 모시는 것도 아니니 별 문제는 없었으나 그나마 양달에서 살짝 붉어진 대추 여남은 개를 땄을 뿐이다.

그래도 가을은 가을이다. 천고마비라 하는 말대로 하늘은 높고 들판의 풀은 말이 뜯어먹으면 금방 살이 오를 것처럼 풍성하다. 특별히 추석이라고 해야 남들처럼 번듯하게 차례를 지내는 것도 아니라 밤이면 환한 보름달을 완상하는 달맞이 외에 별반 분주할 게 없다.

그럴 수밖에 없는 게 자식이라곤 딸만 둘이다. 친정에 오는 그조차 시댁의 차례를 지내고 다 저녁이 되어야 오기 때문에 더욱 한산하다. 나로서는 바로 그 딸네 내외를 대접하기 위해 쌀 두 되 남짓 빻아서 송편을 만드는 게 고작이다. 그 외에 소소한 반찬 몇 가지를 만들고 나면 미흡한 대로 추석 준비는 끝나게 된다.

남들은 한창 분주할 때 일찌감치 끝내고 정리를 하는 셈이다. 모든 일이 끝나고 가만히 골방으로 와서 의자에 등 기대고 앉아 있노라니 마음이 고즈넉해진다. 아들만 있는 집에 비하면 딸만 둘인 나는 그래도 덜한 편이나 명절이면 엄습해 오는 외로움은 감당이 되지 않는다. 나도 이제 노후에 접어들었나 보다하는 생각이 든다. 언제까지나 명절만 되면 딸만 둔 것에 대해 연연할 것인가를 돌아보는 셈이다.

명절 때마다 분주한 것도 보통 일은 아닐 것이다. 어쩜 내게는 분주함보다 좀 쓸쓸하기는 해도 단출하게 보내는 명절이 기질에 맞는지도 모르겠다. 내가 부러워하는 여건을 누군가는 힘들고 어려운 상황이 될 수도 있으니까 말이다.

아들, 딸 구별 말고 둘만 낳아 잘 키우자고 하던 시절에 태어난 아이들이다. 그때는 부모님들이 어지간히도 많은 자식들 때문에 고생이 심할 때였고 그래서 나온 정부시책에 맞춰 우리 또래는 남매를 두는 게 보통이었다. 그런 추세에서도 아들을 낳기 위해 4남매씩 둔 가정도 있으나 나로서는 여러 남매를 둔 집보다는 훨씬 순조롭게 아이들을 키운 셈이다.

그러던 것이 노후에 접어든 지금 명절도 호젓하게 보내야 하는 상황이 되고 말았다. 이웃에서 명절을 맞아 북적대는 것을 보면 부러울 때도 있으나 키울 때 그만치 힘들었던 것을 생각하지 않을 수 없다. 우리 아이들이 대학을 졸업하고 직장을 잡아 한시름 놓았을 때 4남매를 둔 그 집에서는 여전히 아이들 뒤치다꺼리에 여념이 없다.

명절 때 혹은 큰일에 식구가 모여 즐기는 것도 그냥은 되지 않는 거지만 지켜보는 마음은 수수롭다. '더도 말고 덜도 말고 한가위만 같아라'는 옛 말도 그만치 힘든 과정이 수반되었다. 추석에는 먹을 것도 많고 모든 친척들이 한자리에 모여 즐거운 시간을 보낼 수 있는데, 그게 바로 무더운 여름을 치른 뒤의 풍요로움인 걸 생각하지 않는 것 같다.

추석의 유래가 된 베 짜기도 가을걷이를 앞두고 실시한 내기다. 내기를 한 뒤 진 편에서 음식을 장만해 푸지게 먹던 풍습에서 유래되었다. 눈코 뜰 새 없이 바쁜 날을 보낸 후라 푸지고 넉넉한 잔치가 되었을 것이다. 세상 가장 고귀한 것은 다름 아닌 뭔가를 이루기 위해 흘린 땀이라는 건 오색으로 물든 가을 들판을 봐도 명백해진다.

자식을 키우는 데 별반 힘들지 않아 단출한 추석을 보낸다는 것도 군색한 변명이나 구태여 집안일이 아니어도 눈만 들면 온통 풍요로운 정경이다. 낟알이 무거워 숙인 이삭은 물론 고샅고샅 다니다 보면 집집이 밤나무에서 떨어진 아람도 수북하다.

이름 모를 잡초까지도 이삭을 잔뜩 달고 결실을 자랑하는 게 가을이다. 명절을 맞을 때마다 단출하게 보내는 것만 탓하기보다는 앞으로 뭔가를 할 때는 최선을 다하는 사람이고 싶다. 더도 덜도 말고 한가위 같으라고 한 말도 풍요로운 가을에서 나온 말이고 그것은 가장 숭고한 땀으로 일군 아름다운 결실이기에….

날갯짓

레인지 위에서 보리차가 끓고 있다. 불현듯 커피 생각이 난다. 커피 잔을 든 채 골방 문을 열고 들어갔다. 사람들은 커피를 쓴 맛으로 마신다고들 하지만 나는 오히려 단맛을 즐기는 편이다.

창밖을 내다보니 뒷산 숲에서 조막만한 새들이 푸드득거린다. 이제 막 잠에서 깨어났으련만 유달리 해맑은 소리다. 게다가 그 소리와 어울린 들녘의 풍경은 너무나 평화스러워 마음까지 상쾌해진다. 뽕나무와 갈참나무 사이를 은신처로 삼으며 아침마다 노래하는 녀석이 제법 귀엽고 앙증스럽다.

새들이 날아오른 하늘을 바라보며 내게도 날개가 있으면 좋겠다는 생각이 들 때가 있었다. 계절이 겨울의 끝자락에 서 있을

즈음이면 바랑 메고 휑하니 떠나고 싶어지곤 했었다. 몸은 현실에 있고 마음은 이상을 향해 뒤척일 때, 내 안에서 끝없이 일어났던 역마살은 나 자신을 찾기 위한 하나의 날갯짓이었다.

언젠가 문학을 향하여 날아오를 준비를 하고 있을 때였다. 쓰고 나면 부끄러워 고개를 들 수 없을 때 느끼는 절망감과 힘들게 쓰고 난 뒤의 감미로움이 지금 마시는 커피와 같은 뉘앙스라고 생각했다. 누구는 단맛으로 마시고 어떤 이는 쓴맛으로 마시는 게 일반적이나 바로 그 쓴맛과 단맛이 적당히 어울릴 때라야 커피 고유의 향이 나오듯 힘들게 살면서 느끼는 작은 행복이 곧 삶의 활력소가 되는 게 아닐까.

그렇다면 잠시 전에 생각한 날개도 아름답지만은 않을 것이다. 우리는 쉽게 날개라고 간단히 표현하지만 날아가는 동안에 입는 수많은 상처를 생각하면 화려하다고만 할 수 없는 여지를 보게 된다.

우리 삶도 결국 달콤한 것만은 아닐 것이다. 커피가 쓰다면 즉 글공부도 그렇고 인생 역시도 쓴맛 단맛을 고루 맛보며 조금씩 높은 차원이 될 테니까. 글 쓰는 세계도 보통의 인생사와 마찬가지로 고진감래의 과정을 통해 높이 날아오를 수 있다는 진리를 어렴풋이 배우고 있다.

봄이라는 계절 역시도 지금 막 날갯짓을 하고 있는 중이다. 겨울 동안 웅크리고 있던 날개를 펴고 기지개를 켜면서 봄을 기다리는 날갯짓은 눈부시고 찬란한 것인데도 이상하게 내 가슴은 써늘하다. 여러 날들의 생에서 긴 겨울 침묵을 깨고 빈약한 날개 하나만 의지하는 때문일까.

아름답게만 보이는 날개지만 때로 '비익조' 슬픈 이미지가 겹쳐 떠오른다. 몸도 반쪽이고 눈과 날개가 하나뿐이며 같은 짝을 짓지 않으면 날 수 없다는 전설 속의 새이다. 주로 부부의 금슬을 나타내는 말이지만, 나는 그것을 현실과 문학이라는 관계로 생각해 보았다.

문학은 현실을 전제로 가능하다. 특히 수필은 체험을 바탕으로 쓰는 글이라서 삶을 무시할 수가 없다. 비익조의 어설픈 날개가 온전한 하나를 꿈꾸듯 처음부터 완전한 상태에서 날 수 있는 그것보다 불완전한 존재의 만남으로 온전히 날게 되는 그게 더 바람직한 삶이 아닐까 싶다.

항상 높은 자리를 다투지 않고 낮은 곳을 향해 나아가고 싶다. 새들이 아무리 높이 난다 해도 쉴 때는 나뭇가지나 땅인 것처럼 문학과 이상의 뿌리를 현실의 바탕에 두면서 나의 역마살도 그 범주를 벗어나지 않게 스스로에게 충실해야 하는 한계를 극복하는 것이 과제라고 보았다.

날개는 또 자유롭지만은 않은 거라고 마음을 가라앉힌다. 춥고 지루한 겨울에서 깨어난 봄도 이제 막 기지개를 켜고 날갯짓을 하는 모습이지만 날개 뒤에는 겨울이라는 기나긴 침묵과 은둔이 자리해 있었다. 그나마도 온전한 것은 아닌 게 앞으로도 꽃샘추위에 계속 시달릴 테고 그 때문에 간신히 틔운 날개도 더러는 상처를 입을 것이기 때문이다.

역마살의 날개로 상처를 입었던 크고 작은 일이 생각난다. 차분한 마음으로 집에 있으려 해도 견디지 못하고 밖으로 뛰쳐나가는 일이 많았다. 어디 가서 사고 때문에 문제를 일으키거나 하지 않았어도 차분하게 집에 있지 못하고 나가야 하는 게 스스로도 야속했었다.

하지만 그렇게라도 며칠 바람을 쐬는 등 기분전환이 되어야 그나마 집안일에 더 열중할 수가 있는 것을 보며 차라리 그게 나을 거라고 생각한 것이다. 얼핏 보기에 집안을 등한시하는 것 같고 남우세스러운 마음에 억지로라도 집안에서 버텨 봐도 끝내는 병이 나는 등 뜻하지 않은 일이 자주 생겼다.

차라리 한 이틀 자유롭게 지낸 뒤 홀가분해진 기분으로 살림을 하는 게 낫다는 의미다. 이래서는 안 되겠다고 억지로라도 절제하다 보면 필경은 탈이 생기므로 나 자신 역마살로 생겨난 유별난 삶의 방식을 고수할 수밖에 없는 일이다.

변명 같지만 그도 하나의 날개였다. 역마살이라는 말 그대로 새가 아닌 말에게 달린 날개라서 그리 힘들었다. 나 역시 온전한 날개라 볼 수 없는 역마살의 깃을 달고 태어난 게 가끔은 속상하지만 그도 삶의 한 방식이다. 본의는 아니어도 그렇게 살 수밖에 없다면 고유의 방식을 고수하며 사는 것이 더 나을 것이라고.

문득 향긋한 바람이 불어온다. 바람에 묻어 멀리 농부의 아낙네들이 씨앗을 뿌리는 정경이 다가온다. 얼마 후 봄비가 내리면 촉촉하게 싹이 트는 것처럼 오래전부터 내 가슴에 뿌려진 문학의 씨앗도 그렇게 뿌리를 내린 후 잘 키워 인생이라는 날개의 한 부분으로 만들어 보고 싶다.

어느새 해가 설핏하다. 불그스름해지는 하늘이 들판에 고스란히 묻어 있는 게 찬란한 봄의 날갯짓 그대로다. 그래 자연도 봄을 맞을 준비를 하는데 우리 식탁에도 봄을 초대해야겠다.

된장찌개를 안친 뒤 텃밭으로 올라가니 잔설이 희끗한 두둑에 냉이와 꽃다지가 고개를 내민다. 그것만 넣어도 구수할 것 같아 몇 뿌리 캐 와서 넣었더니 맛이 한결 구수하다. 그 외에 시금치로 겉절이를 하고 찌개에 넣고 남은 냉이를 데쳐서 버무렸다. 향기로운 봄내가 방안 가득하다. 저만치서 달려오던 봄이 문득 현관문을 열고 기웃대는 것 같다. 밥상을 다 봐 놓고는 습관적으로 또 창문을 연다. 조잘대던 새들이 무슨 기미를 느꼈는지 파란 하늘 속으로 날아간다. 자유롭게 날아가는 새들을 보고 있으려니 나도 어디론가 떠나고 싶다.

느리게 살기

지금 나는 모처럼 한가한 시간을 보내고 있다.

창밖으로 소나무 숲이 보인다. 온갖 잡목이 뒤얽힌 덤불에는 또 이름 모를 꽃이 가득 피었다. 그 위로 수많은 벌과 나비가 꿀을 찾아 날아다니는 풍경이 한 폭 그림처럼 아름답다. 모처럼 즐겨 본 한가로운 시간이다. 무에 그리 바쁜지 여유롭게 앉아 바깥 풍경을 완상(玩賞)한 게 얼마 만인지 모르겠다.

돌아보면 요것이야 할 만하게 이룬 것도 없건만 매일을 시계추마냥 분주하게 살아왔다. 시간에 쫓기고 속도에 밀리면서 달려온 날의 태엽을 거꾸로 감으면서 시간의 능선을 돌아 무의미하게 살아온 것 같다.

옛날 임진왜란 때의 일이다. 부산성을 깨뜨린 왜군이 사흘 만에 도성을 향해 쳐들어오자 선조임금은 의주로 피난을 떠났다. 대궐의 가족과 조정의 일부 대신들이 대오(隊伍)를 짜서 개성 근방에까지 이르렀는데 하루는 장대 같은 비가 쏟아졌다. 미처 피할 겨를도 없이 우왕좌왕하는데 군사 하나가 꽤나 다급했는지 막 달리기 시작했다. 그것을 본 한 정승이 불러 세우며 천천히 가라고 일렀다.

비가 오니까 빨리 가야 되지 않느냐고 반문하는 군졸에게 그러면 비를 더 맞는다고 천천히 갈 경우 지금 내리는 비만 맞지만 빨리 가면 저 앞의 비까지 맞아야 된다고 타일렀다. 빨리 가든 천천히 가든 똑같이 맞을 바에는 무에 서두르느냐는 질책이다. 빨리 가서 피할 수 있다면 당연히 서둘러야겠지만 결과적으로 똑같을 때는 여유롭게 나가는 것이 바람직하다는 삶의 지침을 보는 느낌이다.

당시의 상황이 그려진다. 왜군에게 쫓기듯 떠나왔으며 그 또한 임금의 행차였음에 얼마나 경황이 없었을지 상상이 간다. 부랴부랴 가던 중 이번에는 또 비까지 만나서 다들 심사가 편치 않았으련만 정승 하나가 군졸을 타이르며 그렇게 여유를 부렸다. 실제 정승의 그 한마디에 임금을 비롯한 모든 사람이 폭소를 터뜨렸고 창졸간에 떠나온 시름을 잠시나마 잊었으니 그만한 삶의 지혜가 또 없지 않을까.

우리 역시 언제나 분주하고 바쁜 창졸간(倉卒間)의 삶을 살고 있다. 어찌된 건지 갈수록 더 바쁘고 어수선하다. 하기야 시간은 나이에 비례한다고 했다. 서른 살에는 30㎞로 마흔에는 40㎞로 간다니 지금 내 나이를 생각하면 시속 60㎞라는 계산이 나온다. 요즈음 자주 회자되는 우스갯소리라 해도 시간의 속도가 나이에 비례해서 나간다는 게 남다르게 느껴진다.

솔직히 시간은 절대적 개념이다. 일각이 여삼추로 느껴지든 삼년이 일각만도 못하게 순간적으로 지나간다 해도 시간에 대한 우리 마음에 따른 것일 뿐, 시간 자체로서는 아무런 문제가 있지 않고 오직 마음의 상황에 따라 길게 혹은 짧게도 느껴지는 셈이고, 그렇다면 앞서 말한 정승처럼 즉 이렇든 저렇든 바쁠 수밖에 없는 거라면 일부러라도 여유를 부리는 것도 괜찮지 않을까.

요즈음은 너나없이 속도를 의식하며 살고 있다. 현대인의 생활 자체가 늘 바쁘게 살 수밖에 없는 구조로 되어 있다. 과학이 발달하고 모든 게 편리해지면서 우리는 모두 좀 더 빠르게라는 최면에 걸린 상태다. 빨리 가 봐야 신중을 가할 수 없고 또한 속력을 낸 여파로 쉬 피곤해지고 그래서 천천히 간 것만 못한 결과를 낳기도 한다.

천천히 쉬어가면서 마친 일이나, 급히 서둘다가 무리해서 도중에 쉬었다가 마친 일이나 소요된 시간은 결국 같다는 의미이고 보면 결국 어떤 자세가 더 바람직할지 정답이 나오는 것은 당연한 이치일진대.

좀 더 깊이 있는 마음과 걸음의 속도부터 줄여야지 싶다. 조급한 마음이 언제나 먼저이다 보면 종종대는 걸음은 벌써 저만치 가고 있다. 누렇게 익은 벼이삭을 보며 깊은 포만감에 안도하며 살기를 원하였으나 너무 동떨어진 삶을 살고 있는 것 같다.

누가 채근하지도 않는데 그리 서두르며 의욕적이지 못한 것에 늘 후회하면서도 속도를 줄이지 못하는 나 자신을 볼 때마다 조금만 깊이 생각하자고 다짐하지만 돌아서면 언제 그랬냐는 듯한 내 조급함에 오늘 또 이렇게 작은 서실에서 깊이를 재고 있다.

재어본들 얼마의 길이도 늘리지 못하면서 말이다. 언젠가 길옆 풀숲에서 작은 벌레들을 보았다. 그 벌레들 역시 바쁘게 무언가를 향하여가고 있다. 친구를 만나거나 혹은 가족과 함께 저녁을 보내기 위해 가는 듯 분주하게 움직이는 모습이 생활에 쫓기는 나 자신을 닮았었다.

벌레조차 바쁘게 살고 있는 모습에서 우리야 더 말할 나위가 있을까마는 그래도 잠깐 쉬어갈 수 있는 운치는 필요하다고 늘 마음을 다스려 보건만 잘 되지 않는 것은 내재된 조급함에서 깊이 생각할 수 있는 겸허함을 보일 수 있어야 하지 않을까 다짐하여 본다.

어차피 비를 맞을 바에는 구태여 서두를 이유가 없다. 딱히 비를 맞지 않아도 허둥대게 되어 있는 것을 가능하면 차분한 자세가 좋은 것처럼 어떻게든 좀 더 여유롭게 살 수 있는 자세가 바람직할 것 같다.

여유를 부린다는 걸 게으른 것으로 생각하면 문제겠지만 게으른 것은 말 그대로 무책임하고 태만한 자세로서 여유는 바쁜 속에서 아취를 즐기는 행동 그 자체이지 싶다. 길을 가다가 잠깐 하늘을 보고 거기 보이는 새 한 마리에서 유유자적 날아갈 수 있는 운치를 부러워하는 그게 지금의 이 여유가 아닐까.

게으른 사람은 아무리 시간이 많아도 꽃 한 송이 곱다고 하는 감상을 알지 못하나 여유가 있는 사람은 눈 코 뜰 새 없이 바쁜 속에서도 밤하늘의 별을 헤아리며 그에 깃든 전설 등에 심취할 수 있다. 느리게 가되 지루하지 않은 깊이 있는 삶의 철학을 완성해 보고 싶다.

늘그막에

어슴푸레한 노을 속에 한 여자가 서 있다. 이제 막 지는 해와 번지는 땅거미를 배경으로 무척이나 쓸쓸해 보인다. 지기만 하면 짧은 가을 해는 금방일 텐데 즐거운 생각이나 하듯 바라보고 있다.

언젠가 저물 녘 밭에서 본 풍경이다. 그리고 그게 남의 일이 아닌 곧 나의 일임도 생각했다. 나이도 비슷한데다가 뒷모습이며 생김새 등이 지금의 나와 너무도 흡사했다. 젊어서의 모습은 천태만상이지만 늙어서는 서로 엇비슷했다.

늙음을 생각한 건 육십에 접어들면서다. 아직 할 일이 많은 것 같은데 시간이 없는 것 같아 늘 초조했다. 그런 마음이라면 일도 잘 진척이 되어야 하는데 그것도 아니다. 마음만 급할 뿐 무엇 하나 되는 일이 없다. 그런 식으로 넘기고 난 이제는 좀 느긋해졌지만 하루하루 불안해지는 기분은 여전하다.

흰머리 때문에 염색도 하고 가발도 쓰지만 그러고 나서도 별반 달라진 게 없다. 달라지기는커녕 오히려 허무감만 더해지는 것 같다. 비싼 화장품을 사서 얼굴을 손질해도 뚜렷하게 예뻐 보이지 않는다. 병원에 가서 얼굴의 칙칙한 점도 제거해 보았으나 깨끗한 것도 일시적일 뿐 얼마 후 다시 보면 내 얼굴 그대로였다.

모든 것을 포기한 지금은 오히려 마음이 편하다. 해 보았자 일시적이고 아무런 효과도 없음을 알게 된 것이다. 아니 그보다 흐르는 세월과 그로 인한 늙음은 아무도 막을 수 없음을 알게 되었다. 늙지 않으려는 것은 물을 거슬러가는 것만치나 억지스러운 일임을, 더불어 순리를 거역하는 것은 아무런 도움이 되지 않는 것을 모른 체 초조하게 지낼 수는 없다고 생각했다.

해묵은 나무 한 그루가 떠오른다. 등걸은 곰삭아 바스러진 지 오래이나 곁가지는 잎이 무성하고 우듬지에는 조발조발 꽃도 피었다. 한때는 무성한 초록을 자랑하다가 이제는 늙어 저리 곰삭았건만 그래도 남은 가지에서는 잎을 틔우고 꽃까지 피우는 게 참으로 인상적이다.

늙은 나무에도 꽃은 핀다는 사실이 새삼스럽게 다가온다. 어찌 그것을 생각지 못했을까. 비록 한창 자라는 나무에는 미치지 못하나 꽃이 만발하면 새들도 와서 우짖던 일이 생각났다. 나무조차 저리 늙음을 탓하지 않고 끝까지 무성한 초록과 꽃을 자랑하는데 우리는 나이 타령이나 일삼으니 문제다.

햇볕과 바람 등이 늙은 나무라고 차별하던가 말이다. 골짜기든 산비탈이든 그냥 지나가지 않고 쬐어주고 나무 역시도 열심히 잎을 틔우고 꽃망울을 새긴다. 우리 역시 살면서 주어지는 시간 등은 늙었다고 깎아내리지 않는데 스스로 세월을 허비하며 무의미한 날을 보내고 있으니 그래서는 나무만도 못한 날이 되고 마는 결과가 된다.

그래, 나무처럼 사는 것이다. 아무리 꽃을 피우고 잎을 틔운들 필경에는 완전히 삭아버리고 그 자리에 움이 나와 다시금 자라기도 한다. 나 역시 혹여 나름대로 열심히 살다가 지치는 경우가 있어도 움을 틔워 새로이 시작할 수도 있다고 마음을 굳히고 나니 사뭇 홀가분하다. 늙는다는 자연스러운 결과에 일격을 가할 수 있는 것은 마음의 젊음이라고 아울러 생각하면서….

우리 어차피 시간이나 세월에 묶이고 더불어 그로써 늙음을 초래한다면 마음은 갈수록 젊어질 거라고 생각했다. 늙지 않았다는 몸짓으로 젊어지려고만 하면 억지일 뿐이다. 나이와 마음은 결국 따로 노는 결과가 되어 버린다. 아무리 나이가 먹어도 그 마음까지 더불어 따라가지 않으니 말이다.

모면할 수 없는 게 늙음이라면 이제는 얼마나 곱게 늙을 수 있느냐에 초점을 맞추고 싶다. 그동안 젊어지기보다는 젊게만 보이려고 했다. 그런데도 얻은 것 없이 시간만 소비해 온 지금 다시는 이런 일이 없으리라는 다짐을 굳혀본다. 늦은 것 같은 아쉬움은 있지만 다시는 반복되지 않게끔 시행착오는 없어야겠다.

내리막길에 접어든 셈이다. 지는 노을도 생각하면 오늘의 막을 내리고 있는 거지만 그 의미는 보다 경건하게 보인다. 노을이 날씨와 절후에 의해 좌우되는 어떻게 해 볼 수 없는 불가항력인 면이 있다면 나의 그것은 좀 더 긍정적인 면으로 말이다. 어떻게 더 곱게 늙을 수 있느냐로 초점을 맞춘 이상에는 그에 대한 노력이 필요한 것이다.

추해지는 외양만큼 내면의 영역을 가꿔 가리라. 젊어서의 그게 외적인 이미지의 충족에 그친다면 이제부터 시작될 늙음에의 그것은 보다 깊은 내적 향상을 의미하는 게 아닐지. 노을 하면 저녁노을이 우선 떠오르는 것도 아울러 생각했다.

아침노을은 물론 아름답다. 그러나 저녁노을은 볼 때마다 못 견디게 만드는 특유의 이미지가 강하여 유독 많은 이들이 좋아한다. 같은 노을이지만 하루가 저무는 저녁이라 그 노을이 더욱 아름다운 것처럼 우리 또한 똑같은 일을 해도 늙음을 탓하지 않고 열심히 사는 그 이유 때문에 나이가 들면서 시도하는 일에 더욱 보람을 느낄 수 있게 말이다.

도토리 줍는 날

오늘 모처럼 뒷산에 올랐다. 구실은 도토리를 줍기 위해서였으나 만추의 서정을 느낄 새 없이 바쁘게 살아 온 날을 잠시 접고 조락의 분위기를 만끽하고 싶었다.

가을이 가을이기 위해 얼마나 많은 바람이 지나가고 얼마나 극심한 더위에 시달렸는지 새삼 돌아본다. 여름이야 해마다 그렇지만 올해는 유달리 극심했다는 점에서 결실과 수확은 저절로 되지 않음을 또 한 번 보았다.

길섶에 수많은 도토리가 굴러 있다. 어떤 것은 돌 틈에 또 어떤 것은 낙엽 속을 비집고 들어앉아 있다. 수북하게 쌓인 건 물론 한두 개씩 보이기도 한다.

평지에서는 떨어지는 대로 모여 수북하고 비탈에서는 곧장 내리 구르는 모습을 볼 수 있다. 펑펑하고 우묵한 자리 때문이기도 하지만 떨어지는 힘으로 엎드려 있는 내게 직접 갖다 주기도 한다.

우듬지에서는 바람이 센데다가 높이 달려 있어 떨어지다 보면 제각각 흩어진다. 얕은 가지라고 그 반대 현상이 되는 건 아니나 바람에 의해 다양한 모습으로 떨어지는 것 같다. 가을이면 개울도 여무는지 한껏 시원한 물소리에서도 그 느낌을 받았다.

생각하니 습도가 높은 여름에는 부글거리면서 고여만 있었다. 바싹 말라 있지 않으면 장마에 흙탕물이었던 것이 시원한 바람과 함께 그리 말끔해진 셈이다.

우거진 나무 사이로 군청색 하늘이 드러났다. 해마다 이맘때면 도토리를 주웠고 하늘도 그때는 특별히 푸르다는 게 생각났다. 축축이 거둬들이는 바람에 황금물결도 어지간히 빠지고 늘을씨년스럽지만 유달리 맑고 푸른 하늘 때문에 분위기가 완화되곤 하였다.

또 하나 특이한 건 감나무가지에 매달려 아름다움으로 뽐내는 감을 본다. 마을에서는 잘 몰랐는데 먼발치에서 내려다보니 쓸쓸한 잿빛 풍경이 돌연 따스해진다. 대여섯 그루터기에서 빛나는 감으로 하여금 썰렁한 늦가을이 따스하게 데워진다고나 할까.

이렇게 흙이 묻어나는 자리에 앉아 막 단풍 옷으로 갈아입고 서 있는 참나무가지와 속삭인다. 올해는 도토리가 풍성하게 열려 이렇게 떨어뜨려 우리에게 일용할 양식을 주고 있노라고 말이다. 마치 황금이라도 보는 듯 휘둥그레지는 마음은 빠른 손놀림으로 변한다.

어떤 것은 다람쥐가 먹다 떨어뜨린 것도 있다. 다람쥐는 앞니가 발달되어 있어 가만히 보면 두 손을 가지런히 하고 도토리를 감싸고 입에다 정확하게 대고 먹어 치운다.

결실이 좋아 여기저기 쌓여 있다. 가끔 뱀이 똬리를 틀고 있는 모습을 볼 때면 뒷머리를 망치로 내려치는 것 같은 아픔을 겪은 적도 있다.

다행히도 나를 비켜가는 것에 다시 한 번 감사하고 작게는 기어 다니는 지렁이를 손으로 잡아서 같이 바구니에 담아 놓던 것도…. 수북하게 쌓인 도토리를 줍는 마음은 역시 사람은 이기적인 동물임을 입증한다. 조금 남겨 둘 생각 없이 바구니에 담는 모습일 때면 욕심 그득한 이기심을 실감하는 날이다. 다시 마음을 다스려 조금은 산에 있는 작은 새들에게도 남겨 두려 마음 잡아본다.

그득한 도토리 더미를 보며 흐뭇한 마음으로 어떻게 해 먹을까를 먼저 생각해 본다. 잘 씻어 물기를 말려서 방앗간에 가져가면 요란한 소리와 함께 깨뜨려서 앙금으로 된 덩어리가 된다. 갖고 와서 말리면 부드러운 도토리가루가 된다.

가루 한 컵에 물 여섯 컵을 넣어 불에 올려 잘 저어주면 반짝거리면서 매끈한 도토리묵이 되는 것을 볼 때의 마음은 그저 자연에 감사할 뿐이다. 황톳길을 오르내리며 간혹 넘어지기도 했지만 사색은 깊어지고 눈은 또렷해지던 순간이기도 했다. 한편으로는 모든 보이는 것을 갖고자 할 때의 마음이 새삼 욕심과 이기심으로 여겨졌던 광경이 스쳐 지나간다. 다만 먹을 수 있을 정도만 주워 온 것으로서 마음을 다스려 본다.

옛날에는 상수리 나무라하여 상수리 주우러 간다고들 하였는데 기계가 부족하던 시절에는 껍데기를 벗기고 절구에 찧어서 여러 번 우려내는 과정에서 수돗가에는 검은 물이 콘크리트바닥에 배어 있어 무척이나 흉했던 모습도 아련히 그려진다.

지금에서야 참나무과의 떡갈나무 열매라는 것에 풍부함을 느끼는 마음은 오랜 세월이 흐른 지금 다시 한 번 자연에 감사함을 온 산에 깊이깊이 울려 퍼지게 하고 싶다.

두메산골

산길을 가다보면 조붓한 길이 나온다. 뒷산을 끼고 조금 들어가도 골짜기는 울창했다. 거기 그렇게 저절로 난 길을 보게 된다. 그럴 때마다 나는 얼마나 설레는지 모른다. 남들이 보면 뭐 그 정도야 하겠지만 내게는 잃어버린 고향의 한 단면으로 생각이 된다. 그 길을 통해 어릴 때 본 산자락의 오솔길을 연결하여 본다.

산을 오르다 보면 저절로 난 길은 흔했다. 그런데도 오늘은 고즈넉한 마음이다. 그냥 우거진 숲인데 가리마처럼 나 있는 길은 아무리 봐도 예사롭지가 않다. 필경은 고라니가 아니면 노루가 다니는 길이다.

처음 그들이 틔워 낸 길을 토끼나 다람쥐가 발견하고 습관적으로 다녔는지도 모르겠다. 그래서 깊은 산중에 그렇게 선명한 길이 나 있는 것인데 내게는 왜 그렇게 유달리 보였을까.

강원도 골짜기에서 살았다고는 해도 떠나 온 게 벌써 몇 십 년이 흘렀다. 그런데도 지금 또한 시골에 들어와 산다. 면 소재지에서 불과 십 리 남짓 거리이지만 워낙에 깊은 숲이라 두메산골에 살고 있는 느낌이다. 삼십 년간의 도회지 생활을 청산하고 시골에 들어올 때는 소풍날 받아놓은 아이들처럼 좋아했다.

엊그제는 모처럼 여름휴가를 다녀왔다. 여름의 막바지에 들어선 골짜기를 보니 가슴 속까지 시원해졌다. 여름이면 빼곡하게 들어찬 녹음을 봐야 더위가 씻기는 것 같다. 하지만 그 마음도 잠시 휴가를 끝내고 돌아오면서 자신도 모를 생각에 빠져 들었다. 고속도로니 뭐니 해서 산이 뚫리고 언덕이 파헤쳐진 것을 보았다. 그것을 보고 지금의 저절로 난 길을 생각하는 마음이 묘하게 엇갈린다.

울창한 산을 보면 그것을 뚫고 가는 것 같은 삶이 떠오른다. 그 방법 또한 여러 가지가 있음을 볼 때 고속도로처럼 인위적이거나 저절로 난 길처럼 자연스러운 과정도 있겠지만 무난한 길이 있는가 하면 조금은 억지스러운 길도 있음을 알 수 있다.

과감히 길을 열어가는 것도 좋게 말하면 개척이라고 보아야 할까. 우선 고속도로를 만드는 것만 해도 그렇다. 지름길로 되기는 해도 그 방법은 무모할 때가 있다. 우선 산을 무너뜨리는 발파 작업을 해야 된다. 그로 인해 수백 년 묵은 나무를 죽이는 일도 부지기수이다. 그렇게 해서 빨리 갈 수는 있지만 여파는 얻어지는 것보다 훨씬 심각하다.

하지만 저절로 난 길은 다르다. 그 길이 생길 동안에는 누구도 여파에 시달리지 않는다. 맨 처음 사슴이나 고라니가 낸 길이었을 테니까. 그것을 보고 좀 더 작은 토끼나 다람쥐가 다니면서 점점 다져지고 넓혀졌을 것이다. 그렇게 생긴 길을 따라 나무꾼이 지게를 지고 내려 왔을 정경이 그려지는 걸 보면 다분히 향수적인 길이다.

누군가 밟은 게 아닌 새로운 길을 갈 수 있다면 그도 무난할 줄 안다. 하지만 그것은 뜻하지 않은 파급이 올 수 있으므로 간단한 일은 아니지 싶다. 숲이 우거져 있다면 낫 같은 것으로 삭정이를 쳐낼 수도 있다. 그러나 삶을 그런 식으로 생각한다면 필경은 부작용이 따를 것이다. 두렵기보다는 인륜상 그렇게 할 수가 없음이다.

세상에는 많은 길이 있다. 어떤 길을 가든 그야 자기 소관일 테지만 문제는 곧 길을 가는 자세로 판가름 된다. 내가 가는 길 때문에 다른 사람이 제재를 받는다면, 나 역시 다른 사람에 의해 똑같은 식으로 제동이 걸릴 수 있다. 이를테면 발자국으로 나게 되는 두메산골의 길처럼 여러 사람이 밟으면서 생긴 길이 그중 무난하지 않을는지.

나 자신으로 볼 때 서예를 처음 시작할 때가 지나온 길에서 오솔길처럼 자연스럽게 생긴 것 같다. 지금도 서예 판을 지나칠 때면 모든 수상 작품 자체가 주마등처럼 소랫 길로 이어지면서 다져 나가는 모습이다.

우리들 삶이 숲에 길을 내는 것 이상으로 어려운 것은 사실인 즉, 그렇더라도 언제나 길을 만들어 갈 준비는 되어 있어야겠다. 그렇게 볼 때 탁 트인 길보다는 빽빽한 골짜기를 헤쳐 가는 게 원초적인 삶이라는 것을. 맨 처음 길을 열어가는 동안 잠재된 내면의 세계도 펼쳐질 거라는 마음으로 숲길을 돌아나갔다.

드문 곡식이 광을 채운다

현관문을 밀고 나간다. 탁 트인 들판과 푸른 하늘이 다가온다. 우거진 산야를 볼 때마다 마을 전체가 내 품으로 와 닿는 것 같은 풍요로움을 느끼는 순간이다.

유월도 늦은 말일께 콩을 심겠다고 텃밭에 쪼그리고 앉았다. 호미로 파고 씨앗을 넣었다. 한 두럭을 다 심고 돌아보니 줄도 비뚤고 엉망이다.

지나가던 이웃집 아주머니께서 간격이 너무 촘촘하다면서 드물게 둔 곡식이 광을 채운다고 넌지시 일러주셨다. 아무것도 모르는 신출내기 농사꾼은 많이만 심으면 좋은 줄 알고 간격도 헤아리지 않은 채 그냥 심어나갔다.

하기야 드물게 심는다 해도 잎이 나고 커지면 비좁을 수밖에 없겠다. 그런 판에 처음부터 바싹 붙여 심는다면 잡초마냥 어우러지기만 해서 수확이고 뭐고 제대로 자라기도 힘들 것이라는 생각에 최대한 간격을 넓혀 심어 나갔는데 심고 난 두럭을 바라보면 아무래도 간격이 넓은 것 같아 중간에 다시 심기도 했다.

사람의 마음이란 참 묘하다는 생각에 얼핏 웃음이 나왔다. 곡식조차 드물게 심어야 광을 채운다고 금방 그 말을 듣고도 욕심을 냈다. 한 오륙 년 과수나무를 심어 수확을 볼 때도 그것을 일깨우기도 했지 않은가.

솎을 때 아깝다고 많이 남겨 봐야 알이 작아서 볼품이 없거니와 작업하기도 힘들었었다. 그걸 알면서도 이듬해 다시 솎을 때는 역시 그 기억은 간 데 없이 또 많이 남겨 두고 싶은 충동에 사로잡히는 것이다.

결국 과일농사와 콩농사를 지으면서 배운 점은 작은 게 아니었다. 겉으로는 단지 심어 가꾸고 수확하는 일련의 과정이지만 그동안에 작용하는 인간의 욕망과 집착이 가끔은 수확에 지장을 주기도 하는 것을 보니 생각이 많다.

얼른 생각해도 다닥다닥 붙어 있으면 바람이 통하지 않아 발육에 지장이 있을 것은 당연하다. 우리 사는 동안에도 뭔가를 줄이면 여유가 생기고 마음이 차분해지는 것은 알지만 뜻대로 되지 않았다는 게 더 솔직한 심정이다.

내가 말년의 안식처로 정한 자연조차도 그 사실을 일깨워 준 걸 몰랐다. 우선 아침마다 산책을 하는 소롯길에서도 나무를 보면 적당히 떨어져 있다. 멀리서 바라볼 때는 푸르게 우거진 숲이라 해도 들어가 보면 빽빽하지 않다. 드물다는 것은 적당히 비어 있다는 뜻이고 그로써 원만히 자라게 되면서 멀리서 볼 때 우거져 있다는 느낌을 받게 되는 것이었을까.

텅 비어 있다는 것은 그렇게 여유가 있다. 바싹 붙여 심은 것이 조급한 느낌이라면 드물게 심은 것은 느긋하고 차분한 감정을 나타낸다. 조급한 마음은 당장 눈앞의 일을 보게 되고 차분한 마음은 지금보다 한 발짝 물러난 훗날을 도모하게 된다.

어쩌면 나 자신 콩을 심을 때 간격을 촘촘히 했다는 자체가 은연 중 급한 성격을 드러내는 것은 아니었는지 싶다. 물론 처음 심어 보는 거지만 씨앗을 어느 정도 간격으로 해서 심는 것은 경험의 유무에 상관없이 각각의 성격에서 나오는 것 같다.

엊그제 대청소를 하다가 일을 저질렀다. 창틀을 닦다가 넘어지면서 7밀리나 되는 두꺼운 유리가 깨지고 만 것이다. 얼굴을 심하게 다치는 바람에 병원에 가서 일곱 바늘이나 꿰매야 했다.

아문다 해도 흉터가 생길 거라는 의사의 말을 들으니 급한 성격이 스스로도 원망스럽다. '너는 그 성격이 문제야'라고 자신을 꾸짖어 본다. 성격이 그렇다 보니 늘 서두르게 되고 그래서 가끔 일도 저지르곤 했으니 심란할 수밖에 없다.

집안을 청소한 것도 너무 많은 물건 때문이었다. 결국에는 버리게 될 것을 왜 그리 쌓아두었는지 모르겠다. 언제든 쓸 거라고 비좁을 만치 쌓아 두다가 막상 정리를 시작하면서 다치기까지 했으니 아이러니한 일이 아닐 수 없다. 사과 농사를 지을 때 과감히 솎지 않고 두었다가 작아서 상품가치가 떨어지는 건 할 수 없이 버리게 되는 악순환의 연속인 것처럼 말이다.

한나절이 되었다. 콩도 얼추 심고 나무 밑에 들어가 잠깐 쉬기로 했다. 눈앞에 드러나는 들판의 정경이 시원스럽다. 마을 앞으로 뻗어나간 오솔길이며 개울과 언덕이 오늘따라 정겹게 다가온다.

그들 역시 내가 처음 넣은 콩 씨앗처럼 다닥다닥 했다면 참으로 답답하게 보였을 텐데 싶어 마음이 다시금 경건해진다. 바로 그 풍경을 아침저녁으로 보면서도 무심히 지나치기만 했었다. 성격도 성격이나 이제는 나이로 봐서도 조금은 차분해져야 될 때라고 생각했다. 나이가 들면 안 그래도 세월이 더 빠르다고 느껴지는 법인데 삶의 주인공인 나마저 서두른다면 뒤죽박죽이 되고 말 것이다.

수돗가에 가서 흙 묻은 호미를 씻었다. 오늘은 애써 드물게 심었으니 가을에는 좀 굵게 달릴 것으로 기대해 본다. 흔히 하는 말로 농사는 하늘이 짓는 거라지만 일단은 심어 가꾸는 우리의 마음에 따라 달라진다.

굵고 실하게 거두기 위해서라도 드물게 두어야 한다는 것은 참으로 적절한 표현이다. 욕심을 줄인다는 자세로 드물게 심는 것도 기실은 자연의 뜻이고 가르침이다. 바로 그 자연에 터 잡아 살면서 무언의 섭리를 깨우치는 게 곧 삶이라고 생각하는 마음이 모처럼 홀가분하다.

3부

가끔 그 방에서 시간을 보낼 때가 있다. 호화롭거나 아기자기할 것도 없는 극히 소박한 공간이지만 피곤할 때 장작을 지피고 들어가 누우면 굳은 몸이 풀리면서 개운해지니 우리 가족의 유일한 쉼터다. 멀리서 친구라도 오면 읍내에 가는 대신 과일과 차를 갖고 들어가 한나절 즐기고 식사도 하는 곳으로 거기만한 데가 없기 때문이다.

따개비

넓은 바다가 초록빛 물결로 일렁이기 시작한다.

오전 9시인데도 바닷가는 인적도 없이 한산하다. 도시에서는 인파로 한창 시끌벅적할 시간인데 여기 동해바다는 고요하기만 하다. 새벽 일찍 사위가 운전하는 차를 타고 동해로 달려온 우리 일행은 물결 찰랑이는 초록 들판 앞에서 한동안 심호흡을 했다.

얼마 후 딸 내외와 손자가 함께 숙소를 찾아 짐을 풀었다. 첫새벽 일어난 탓인지 피곤하다고 쉬는 딸네 가족을 남겨 두고 창칼 하나 들고 바구니를 낀 채 숙소에서 나와 바닷가로 향했다.

아까 동해바다에 내리면서 잠깐 쉬던 자리다. 끝없이 부딪치는 물결에 짭짜름한 갯내음이 묻어난다. 너른 청마루에 앉는 기분으로 바위에 걸터앉았다. 수많은 따개비가 알을 슨 것처럼 다닥다닥하다. 습관적으로 칼끝을 디밀어 억지로 떼어냈다. 따개비는 조개과에 속하면서도 바위에 딱 붙어 있어 힘을 주지 않으면 여간해서 떨어지지 않는다.

그나마도 크기가 작아 요리를 해서 식탁에라도 놓으려면 꽤 많이 따야 가능하다. 하나로 봐서는 작고 볼품이 없고 작아서 양에 차지 않으나 바위에 다닥다닥 붙은 것을 훑어내듯 따다 보니 어느새 한 솥 가득 삶을 정도로 그득하다.

눈을 드니 밀려오는 파도가 바위 밑으로 끝없이 들락거린다. 이만하면 딸네 가족과 함께 배불리 먹을 수 있겠지 하며 수평선을 바라보니 바위에 낚시꾼 서너 명이 올라오는 중이다. 해거름이면 옛적 내 고향 앞바다에 낚싯대를 들고 몰려오던 강태공들이 생각난다.

어떤 낚시꾼은 전문으로 하는 것처럼 어마어마한 장비를 갖추었지만 대부분은 집에서 굴러다니는 대나무에 낚싯바늘만 달아서 바닷물에 던지는 게 고작이다. 물고기들이 먹잇감을 찾아 올라오기만을 기다리는 마음은 일렁이는 해초 틈을 헤집으며 주인과의 교감이 이루어지지 않을까.

이따금 바닷가에서 그들이 낚시하는 것을 보면 말 그대로 천양지차다. 낚싯대를 설치해 놓고 바닷가를 서성이는가 하면 어떤 사람은 낚시꾼의 천성대로 자리를 뜨지 않고 계속 앉아서 찌만 바라보고 있다. 나만 같아도 한자리에 붙박아 있기보다는 수없이 들락날락할 것 같지만 어느 순간에 미끼를 물지 아무도 모르는 것을 생각하면 그린 듯 앉아서 지켜보는 게 낚시의 정석이라 할 것이다.

낚시 하면 강태공이다. 주나라 800년의 기초를 세운 일등공신으로 젊어서는 낚시에만 묻혀 지냈다. 구부리지 않은 곧은 낚시 때문에 단 한 마리 고기도 낚지 못한 게 당혹스러웠지만 단지 세월을 낚을 뿐 고기를 탐하지 않아 오랜 낚시질에도 태연하게 세월을 기다릴 수 있었다는 걸 어렴풋이 알 것 같다.

이따금 고기가 잡히기라도 했다면 즉 낚시꾼으로서의 조바심 때문에 필경은 자리를 박차고 나갔을 테니 그래서는 주나라 문왕의 부름을 받아 높은 뜻을 이루지 못했을 것이다.

어린 내가 이들 낚시꾼을 보는 것은 지금처럼 바닷가 바위에서 따개비를 긁어낼 즈음이었다. 생각하니 따개비라는 이름도 아주 작은 것을 수없이 따야 하는 데서 비롯되었을 것이다.

나무에 달린 과일을 따듯 바위에 붙은 것을 칼로 긁으면서 딸

수 있는 것처럼 말이다. 칼로 따기도 좋았지만 알맹이를 까기도 수월하다. 다만 작아서 많은 양을 만들기는 부족하겠지만 그만해도 충분하다.

문득 바위에 긁힌 듯 손이 아려온다. 급한 마음에 마구잡이로 훑어낸 자리가 집을 헐어낸 자리처럼 어수선하다. 여느 조가비와 다르게 맞닿는 뚜껑이 없는 특징이 떠올랐다. 말하자면 바위에서 떼어내면 금방 속살이 드러난다는 의미지만 떼어내자마자 훤히 들여다보이는 게 대문이 망가진 집안을 보는 듯 스산한 기분이다.

바로 그 때문에 삶아야 열리는 보통의 조가비와 달리 손질이 간단해서 작아도 분량이 금방 늘어났다. 하나하나 볼 때는 작아도 손질이 간단해서 느루 가는 게 있다니 작다고 하찮게 볼 것은 아니었다.

숙소에 돌아오니 딸네 식구는 잠들었는지 그새 조용하다. 소리 나지 않게 주방으로 들어가 불린 쌀을 넣고 한번 끓인 다음 따개비 알을 넣고 푹 고았다.

얼마쯤 끓여 내고 보니 어릴 때 어머니가 끓여 준 것처럼 노르스름한 내장이 우러나면서 따개비 특유의 구수한 내가 퍼지기 시작한다. 전복죽을 최고로 아는 세태에 나만이 알고 있는, 볼품은 없어도 구수하고 맛난 죽을 먹을 생각에 얼핏 구미가 당긴다.

딸네 식구가 일어나 먹을지는 차후 문제다. 나만 알고 있을 뿐 그들로서는 들어보지도 못한 요리일 것이나 내가 맛있게 먹었던 만큼 생소하기는 해도 맛에 끌려 먹을 것으로 장담해 본다. 틈만 나면 바구니 들고 가서 따오던 따개비는 바다가 고향인 내게 향수를 자아내는 유일한 추억이다.

먼 아지랑이

햇살이 뜨겁다. 현관을 열고 나서는데 먼 산 아지랑이가 꿈결처럼 다가온다. 봄 햇살은 언제나 마음을 설레게 한다. 들녘의 밭이 초록색 양탄자마냥 푸근하다. 수많은 새싹이 햇살을 받아 금방이라도 초록물이 배어나올 듯 곱다.

봄은 늘 그렇게 아련한 느낌이다. 바라보면 멀어지는 듯하다 어느 때는 금방 손에 잡힐 듯 아련하다. 봄은 그래서 아지랑이라고 하는 애틋한 이름과 함께 무르익는다.

아지랑이가 피어오른다. 무엇을 내비치고 싶은 것일까. 보일 것도 자랑할 것도 없는 것이 마음만 한껏 부풀어지는 것을. 아름다운 모습이 한 폭의 그림으로 연상된다. 가늘고 연하지만 선명하지도 않은 깊고 푸른 맑음의 여운을 남긴다.

어릴 적 이맘때는 놀 거리가 마땅치 않았다. 겨울이면 썰매를 타고 얼음지치기를 할 수 있었으나 이른 봄에는 그럴 수도 없어 동생들과 함께 보리밭에서 노는 게 일과였다. 이따금 꽃샘추위가 극성을 부리기는 했어도 보리 싹은 절기를 어기지 않고 파랗게 우거진다.

때맞춰 아지랑이가 일렁이기 시작하면 파란 바닷물에 어우러진 흰 구름을 보는 듯 환상적이어서 놀기를 멈추고 물끄러미 바라보기도 했다. 어릴 적 나는 멍하니 푸른 하늘과 또는 푸른 바다를 바라보는 것을 무척이나 즐겼다.

한참 놀다 보면 어머니가 우리를 찾으시는 소리가 난다. 동생들을 돌봐 주어야 밭에 가실 것을 잊고 놀이에만 빠져 있었다. 시무룩한 마음으로 돌아와 밥을 먹고 동생을 들쳐 업은 뒤 먼 산을 바라보며 아지랑이를 따라가고 싶었던 기억이 난다.

땅에서 올라가는 지기 같아도 내 앉아서 잡을 수는 없고 햇살처럼 하늘에서 내리쬐는 것 같지만 눈앞의 시야 밖으로는 아른거리지 않으니 어린 마음에도 참 아득하게 느껴졌었다.

뻐꾸기가 울고 초여름이 되면 보리가 패기 시작하고 그때는 종달새가 울었다. 누렇게 익어가는 보리밭은 옷자락만 닿아도 이삭이 우수수 떨어질 것 같았고 싱그러운 노고지리 음향과 함께 어우러지던 풍경이 오랜 세월이 흐른 지금 또 다른 아지랑이로 피어오른다.

맑은 봄날 볕이 강하게 쬘 때, 지면 근방에서 공기가 투명한 불꽃처럼 아른거리며 올라가는 것처럼 보이듯 살다 보면 그렇게 주변을 맴도는 것이 많다. 멀리 떠나간 것도 아닌, 그렇다고 완전히 땅으로 내려 와 있지도 아니한 것들로 말하자면 이루지 못한 꿈이다.

이렇다하게 뚜렷한 것은 아닐지언정 더는 어찌해 볼 수 없이 채 못 이룬 어떤 소망 같은 게 많을수록 아지랑이 같은 현상이 일어나는 것 같다.

아지랑이가 겨우내 차가워진 땅에 강한 봄볕이 내리쬐면서 아른아른 비치는 현상인 것처럼 절박한 삶에 경직되어 있던 우리에게 어느 날 버리지 못한 치열한 꿈이 강한 볕처럼 스며들면서 따스한 아지랑이로 피어올라 활력을 찾는 것으로 보았다.

하지만 아지랑이는 잡을 수 없는 물체다. 봄이 상징하는 수많은 꽃과 아름다운 새들과는 달리 눈앞에 어른거릴 뿐 손에 잡히지도 않고 게다가 소리를 듣는 건 더더욱 가당치 않으니 참으로 얄궂다. 하지만 내게 있어 주변을 맴도는 아지랑이는 단연 문학이라는 신기루라고 생각하니 친근한 느낌이다. 딱히 잘 써지지도 않으면서 항상 눈앞에 아른거리고 있으니 더욱 그럴 수밖에.

봄 하늘을 맴도는 아지랑이는 그러면서도 정연한 느낌이다. 햇살처럼 뜨거운 기가 수없이 움직이고 있기 때문에 어지러울 법도 한데 그렇지 않은 게 신기하다. 어지럽게 움직이면서도 정연한 느낌이 드는 그게 곧 아지랑이의 신비라면 우리들 아지랑이에 견줄 만한 이루지 못한 꿈이나 소망 같은 것도 삶에 어떠한 제동을 걸거나 장애가 되지 않을 테니 그 또한 경이롭다.

그것은 또 봄이 무르익을수록 점차 사라져 여름에는 흔적을 찾아볼 수 없게 된다. 살다가 채 이루지 못한 꿈 역시도 구태여 버리고자 한 것도 아닌데 살다 보면 어느 순간 모두 사라진다.

그렇다고 그로써 끝이 아닌 게, 한 번 피어올랐던 어릴 적 소망과 꿈 역시 철철이 봄만 되면 어디서나 피어나는 아지랑이처럼 평생을 주변에서 맴돌 테니 그 또한 삶의 묘리(妙理)다.

알고 보면 결국 땅의 지기가 하늘로 피어오르는 현상이듯 삶의 아지랑이 또한 숨길 수 없는 우리들 꿈의 기가 절박한 삶 속에서 자연스럽게 피어나는 상황으로 볼 수 있다는 의미다. 예전의 아지랑이와 지금의 아지랑이는 늘 그 자리 그곳에서 나를 일으켜 세운다. 빛의 굴절로 생기는 그대로 살면서 뭔가에 넘어지고 꺾일 때마다 나를 푸근하게 타이르고 때로는 보듬어 주기도 한다. 이제 또한 바라는 것은 보리밭 하면 종달새, 즉 노고지리가 유독 떠오르듯 노곤하게 피어오르는 삶 속에서 새로운 리듬을 찾는 날이고 싶다.

눈을 감으니 따사로운 햇살에 문득 노곤해진다. 이제 얼마 후 보리가 팰 때까지 아지랑이는 계속 머무르게 된다. 나 또한 삶의 종지부를 찍을 때까지 부화되지 못한 꿈의 여운이 귓전을 맴돌 것이나 그런 게 삶이려니 여기고 싶다. 거치적거린다고 치운들 이듬 해 봄에 다시 아른대는 아지랑이처럼 언제고 불쑥불쑥 눈앞에 나타날 것이기에.

분명 눈앞을 가로막고 있지만 쉽게 뚫고 나갈 수는 있듯이 우리 곁의 그 수많은 꿈 역시 삶에 이렇다 할 장벽은 되지 않는다. 사는 일 또한 눈앞에 아련하면서도 잡히지 않는 아쉬움과 미련 때문에 더 굳센 의지로 헤쳐 나갈 수 있다.

문득 저 아랫집, 황토방에서의 하루

오월의 문턱에서 기지개를 크게 펴본다.

언덕을 오르다 보니 저만치 우리 집이 보인다. 마을에서도 끝자락에 자리 잡은, 터는 좀 넓지만 오래된 기와집에 장식이라야 유일하게 꽃밭 하나뿐인 집이다. 시골이라 해도 웅장하고 화려한 저택을 선호하는 추세를 보면 무척이나 낡고 허름해도 남달리 애착이 가는 집이다.

시골에 사는 건 분명 힘든 일이나 살다 보면 얼마나 잘못된 생각인지 알게 된다. 거름 내가 나서 지저분해도 철철이 바뀌는 풍광을 감상하다 보면 자연과 어우러지는 삶이 그렇게 윤택할 수가 없다.

봄이면 하얗고 노랗게 피는 냉이와 꽃다지, 그 위에 보라색과 흰색으로 피는 제비꽃 그리고 하얀 안개꽃을 생각하면 무척이나 소중한 집이다. 게다가 사과 꽃에 매료되어 꽃 적과도 해보고 아담한 뜰에 앉아 목단 꽃향기를 맡고 탐스러운 백합 잎을 들여다보면 세상에 부러울 게 없다.

더더욱 잊지 못할 것은 황토방이다. 10년 전 남편과 손수 지은, 우리 집안의 최고 운치를 자랑하는 곳이다. 가슴을 활짝 펴고 풍요로운 대자연과 공유할 때마다 나의 존재를 거듭 확인하는 곳이다.

황토방을 개방하던 날은 초겨울이었다. 동지를 전후할 때라 팥죽을 쑤어 이웃 사람들과 나눠 먹고 시루떡 한 말을 쪄서 돌렸을 뿐인데도 무슨 대단한 준공식을 치르는 듯 종일 분주하게 보냈다.

황토방은 나의 아지트다. 그보다 아지트라고 하면 골방이 있으니 이것은 사랑방이라 할 것이다. 사랑방이야 이미 알려진 대로 옛날 남자들의 거처였으나 서투르나마나 나도 그 운치를 흉내 내고 싶었던 걸까. 골방이 즉 글을 쓰고 다듬는 곳이라면 감히 글을 쓰는 내게는 소재를 얻고 생각을 다듬는 곳으로 여기보다 적합한 곳이 없다. 흙으로 지은 집에서 순박한 자연을 생각하며 보내는 날들이야말로 내가 누릴 수 있는 최대의 호사였던 것이다.

겨울이면 가끔 친구들과 함께 그 방에서 하루를 즐긴다. 절친한 이웃 사람을 부르면 저마다 먹을 것을 가져 온다. 혹은 가을에 캔 고구마를 가져오거나 땅콩을 볶아 오기도 한다. 그 외 후식으로 먹을 사과며 배를 한 바구니 가져 오기 때문에 푸지게 먹으며 하루를 즐길 수 있다. 내가 마련할 수는 있어도 그들 스스로가 부담을 느끼지 않아서 좋다. 아무리 뚝 떨어져 있는 별채였어도 안채에서 들으면 제법 시끄러워서 성가시지 않다고는 못하기 때문이다.

한여름에는 서울에 사는 문우들 대여섯 명이 휴가 차 다녀간다. 전원적인 시골 생활과는 전혀 거리가 먼 탓인지 오기만 하면 호들갑을 떠는 게 일이다. 울타리에 주렁주렁한 호박을 보고 애들처럼 신기해한다.

보리밥을 지을 때, 손수 가꾼 열무와 부추, 상추로 겉절이를 하고 가지와 비름나물까지 무치면 시장에 가서 반찬 한 가지 사오지 않아도 되는 상황에 의외라는 듯 놀란다. 아쉬운 마음에 슈퍼에 가서 콩나물 천원어치만 사서 무치고 호박과 감자를 썰어 넣은 된장찌개를 추가하면 일류 보리밥집에서 먹는 것처럼 푸짐하다.

맛도 별미라 하되 우리 부부가 손수 지은 집에서 먹는 게 더 남다른 점이라 할까. 남편은 집을 짓기 전부터 기둥으로 쓸 재목을 사들이고 황토를 사다가 마당 구석에 쌓아 두었다. 그 외에 문짝이며 거울 등 소소한 세간도 필요했다. 얼추 준비를 끝낸 초여름 터를 다진 뒤 기둥을 세우고 지붕을 올릴 동안 그때부터 일에 가속이 붙기 시작했다. 전기 시설을 끝낸 뒤 실내 장식에 들어갔다. 내가 손수 쓴 서예로 족자를 만들고 구석구석 맷돌이며 바디 그리고 다듬잇돌 등의 옛날 물건을 장식하고 보니 그런대로 황토방의 면모가 살아나면서 한동안 흐벅진 마음이 었다.

가끔 그 방에서 시간을 보낼 때가 있다. 호화롭거나 아기자기할 것도 없는 극히 소박한 공간이지만 피곤할 때 장작을 지피고 들어가 누우면 굳은 몸이 풀리면서 개운해지니 우리 가족의 유일한 쉼터다. 멀리서 친구라도 오면 읍내에 가는 대신 과일과 차를 갖고 들어가 한나절 즐기고 식사도 하는 곳으로 거기만한 데가 없기 때문이다.

어쩌다 황토방 난로에 고구마와 계란을 구워 가면서 깔깔 웃을 때 우리는 여지없는 시골 아낙네다. 바쁘게 살아가는 나로서는 농한기가 따로 없지만 그래도 그 아낙들이 보고 싶어 주말에는 웬만큼 급하지 않으면 불을 지펴놓고 즐기는 맛은 여느 찜질방 못지않다.

내게는 호화로운 쉼터 역할을 하는 그저 나름대로 으리으리하고도 물씬 풍겨 오는 세속을 벗어나는 그림 같은 집이다. 거무스름한 황토벽과 양옆으로 숲과의 어우름으로 같은 색의 조화에서 자연스레 숲속에 묻힌 고즈넉함이란 사방으로 둘러싸인 산에서 두메산골의 자연과 동화되는 바로 그 정경이다.

이렇게 말을 나누면서도 조금은 내가 너무 내세우는 듯하다. 잠깐 동안이나마 부끄러운 마음이 된다. 경관 좋은 것은 어쩔 수 없는 내 마음이거늘. 오늘 같이 빗줄기가 쏟아질 때면 개울물이 불어서 파도치듯 출렁이는 물소리와 바람소리는 경쾌한 음악으로 와 닿는다. 하얗게 눈 내리는 겨울이면 어김없이 굴뚝에는 연기가 폭폭 빠져 나간다.

나의 이 작은집과 비유하기에는 조금은 그렇지만 전통 고택 가운데 한국 전통 풍류를 느끼기에는 강원도 강릉의 선교장이 으뜸이라고 들었다. 감히 그런 집에 견주기에는 나의 이 작은 집은 고택도 아니요 썩 훌륭한 시설도 아니다. 다만 사방의 소나무가 솔향을 안겨주고 내게 풍부한 글감을 안겨주니 여느 집 못지않은 풍류에는 부족함이 없다.

3년 만이라도

사진 속의 동생이 웃고 있다. 멀리 벼가 익어가는 들녘이 보이고 갈대가 한창인 언덕 코스모스 길에서 천진한 소녀처럼 활짝 웃고 있다. 이제는 세상에 없는 사람이라는 게 믿기지 않을 정도로 밝은 모습을 보니 나도 모르게 눈시울이 뜨거워진다.

저렇게 화사한 얼굴인데, 저토록 천진한 모습인데…. 병마로 급하게 떠나간 동생의 너무도 해맑은 사진 속 모습을 보며 다시 한 번 흐느껴 운다. 많이도 시달린 끝에 세상을 떠난 사실이 아득한 일처럼 느껴진다.

언젠가 동생이 우리 집에 다니러 온 적이 있었다. 죽음을 앞두고 얼마 전이었던가, 동생에게 전화를 받았다. 밖에 나와 있던 나는 무슨 일이 있는가 싶어 흠칫 놀랐다. 혹여 더 심하게 아프지나 않은지 놀란 가슴을 쓸어내렸다. 그냥 요즈음 덜 아플 때 언니가 보고 싶어 가는 길이라는 말에 조금은 안심이 되었다. 한 시간 후 도착할 거라는 말을 끝으로 전화를 끊고 나니 마음이 문득 아려왔다.

동생은 그즈음 항암치료를 받고 있었다. 불치의 병이라는 암을 선고받은 게 1년 전이고 그동안 4번째 치료를 끝낸 터였다. 바쁘다 보니 동생이라고 해도 병문안을 가보기가 힘들었는데 모처럼 시골에 온다는 연락을 받고 보니 병세가 좀은 호전되었나 싶어 일견 마음이 편했다.

하지만 얼마 후 도착한 동생의 안색이 생각보다 좋지 않았다. 살이 쪘는지 그렇지 않으면 부었는지 부석부석하다. 안쓰러운 마음에 저녁이라도 지어 함께 먹어야겠다고 텃밭으로 나갔다. 우선 겉절이를 하려고 열무를 뽑았다. 가지와 호박수내기 그리고 오이를 한바구니 따 와서 다듬고 있는데 동생이 나왔다. 거들어 준답시고 옆에서 열무와 호박수내기를 손질하면서 문득 "언니! 나 3년 만이라도 더 살고 싶어"라고 하지 않는가.

얼마나 살고 싶으면 저런 말을 할까 싶은 마음이 들었다. 새삼스럽게 얼굴을 보니 병마와 싸우다 지친 모습이 역력하다. 하지만 나도 모르게 "얘! 걱정 마 3년은 충분히 살 수 있고 3년을 살면 이제 3년, 10년은 문제없을 거야. 지금 같이만 건강에 신경 쓰고 약 잘 먹고 치료 잘하면 되지 뭐."라고 했다.

하지만 동생은 무표정한 얼굴이었다. 내 말을 무시하는 건 아닐 테고 주변 사람들에게서 늘 듣는 터라 그냥 무심한 말로 들렸을 것이다. 흔히 아는 얘기로 항암치료를 받을 때마다 머리카락이 빠지고 토하는 게 보통이다. 그러다가 식욕이 떨어지고 결국 세상을 떠나는 걸 뻔히 알지만 살고 싶어 하는 마음은 너나없이 같아서 좋다는 약은 다 써 보는 등 최선을 다하게 된다.

나 또한 내가 봐도 가당치 않은 말을 했었다. 십 년은커녕 오년도 살겠나 하는 게 솔직한 심정이었으나 그렇게라도 말하지 않고는 견딜 수 없는 심정이었다. 동생 역시 가망이 없을 거라는 생각에 다만 3년이라도 살고 싶다고 말했을 거다. 태어나 살면서 떠날 때는 누구나 흙으로 돌아간다는 것이 운명이라지만 동생이라 더 안타까운 마음이 들고 무슨 일이 크게 난 것처럼 눈물이 나왔다.

폐암 말기 6개월을 선고 받고 투병에 들어간 동생은 그때 겨우 1년을 넘겼다. 통통했던 얼굴은 혈색이 없어지고 무엇보다 어지럽고 기운이 없는 게 탈이었다. 과로했다 하면 며칠은 계속 쉬어야 했으니 당사자도 힘들거니와 가족들의 고충도 이만저만이 아니었다.

동생은 차분한 성격이었다. 심성이 곱고 무던해서 누구라도 잘 포용하는 기질에 모나지 않고 원만해서 가족들과도 부딪치는 일 없이 잘 사는데 단지 몸이 약한 게 탈이더니 그렇게 불치의 병을 얻고 말았다. 그런 성격이다 보니 혼자서 참는 일이 허다하고 결국에는 풀지 못한 채 병으로 굳어 버린 것 같아 괜히 속상했다.

힘들고 험한 세월을 견디며 살다가 모처럼 여유가 생기면서 병을 얻은 셈이다. 대부분 살만해질 때 병이 찾아온다지만 참 그럴 수는 없다는 생각에 견디기가 어려웠다.

제부 역시 동생이 얼마 살지 못할 거라는 생각 때문인지 자기의 일을 모두 접은 채 10년 만이라도 돌보고 싶다며 산 밑에 아늑한 집을 마련하는 등 극진한 정성을 보였다. 이제 모든 일을 놓고 탁 트인 공간에서 아름다운 자연을 대하며 살고 있으나 건강하지 않고 아픈 이상에는 의미가 없을 테니 또한 안타까운 일이었다.

얼마의 생각 끝에 보니 된장찌개가 그새 보글보글 끓는다. 번철에 부랴부랴 호박을 굽고 가지와 오이를 무친 뒤 열무 겉절이를 무쳤다. 데쳐낸 호박잎에 양념간장을 넣어서 싸 주니 웃으면서 받아먹는 동생의 표정이 잠깐 해맑게 보인다. 저런 동생이었는데 웃으면 소녀처럼 해맑은 게 참 앳된 얼굴이었건만 저리 병을 얻어 고생하다니….

그래도 이제는 오직 병마와 싸워야 될 시기다. '그래, 착하고 예쁜 내 동생, 아파도 계속 그렇게 웃으면서 살아 보렴' 하고 속으로 되뇌었다. "너를 좀먹어 들어가는 병과 싸워 이겨야만 모처럼의 행복을 잡을 수가 있어"라고 덧붙여 보기도 했다.

앞으로 두 번을 더 받아야 조금이라도 연장할 수 있다니 힘들어도 지금처럼 밝게 살면 견디기가 좀은 쉬울 것이라고 믿었건만. 세월은 어느덧 겨울하고도 1월이다. 모든 병이라는 것에서 이길 수 있는 만큼을 넉넉하게 주어졌으면 좋으련만.

그나마 이제는 세상에 없는 사람이다. 태어난 이상에는 누구나 죽게 마련이고 병으로 고생하다 죽는 사람도 많지만 하필 내 동생이라는 게 더 마음이 아프다. 3년 만이라고 했던 마음만 들어주고 먼 길을 떠나기를 허락한 것 같아 너무 한스러움을 달랠 길 없다.

사랑하는 내 동생 그것만이라도 고마운지 마지막 가는 길에

'언니 고마워'란 말을 남긴 채 저 세상으로 간 내 동생, 원통하고 가슴 아파 머리를 움켜잡고 통곡하여 본다. 텅 빈 주변에 썰렁함이 크나큰 정적으로 감돈다. 그래 내 동생 아픈 동안 메마른 삶이었지만 아픔 없는 좋은 곳에서 다가올 봄과 함께 푸르러지는 날들이기를 간절히 기원해 본다.

하모니카 소리에 묻어온 세월

추석이 다가 온다. 뒤뜰의 대추가 붉게 물들 즈음이면 밤나무 밑에서는 제풀에 익은 밤송이가 떨어져 수북하게 쌓인다. 폭우에 폭염에 무척이나 길었던 여름도 지금 생각하니 결실을 위한 준비 과정이었다. 무더운 날씨였어도 힘들었던 만치 속속 영근다는 생각에 마음이 뿌듯하다.

지금은 바야흐로 결실의 계절이다. 들판은 물론이고 텃밭에서조차 익느라 분주할 때고 우리 역시 그즈음에는 눈코 뜰 새 없이 바쁘다. 옛적에 어른들이 열(10) 명이 하던 일을 거둬들일 때는 한 사람이 하여도 힘든 줄 모른다고 말씀하셨다. 그 만큼 거둬들이는 풍요에서 모든 힘든 과정을 잊는 것이 아닐까 싶다.

초등학교 다닐 때는 오전 수업이 끝나고 점심을 먹고 나면 곧바로 운동회 연습에 들어간다. 시골 운동회는 거의 추석 다음날 치르게 된다. 명절에 고향을 다니러 오는 분들이 참석하게끔 유도하는 셈이고 미처 연습이 덜 되면 늦은 시각까지 스텝을 익히고 율동을 맞춰야 했다.

만국기가 펄럭이는 운동회 날은 온 고을 주민이 다 모여 하루를 즐기는 행사다. 달리기와 기마전은 기본이었다. 이따금 4~6학년 상급반 여자애들이 고전무용의 하나인 부채춤을 추다 보면 운동장은 때 아닌 꽃밭으로 바뀌고 운동장에 가득한 학부모님들의 환호가 터져 나오곤 했다. 학교가 드문 시골 풍경의 백미라 할 것이나 따가운 가을볕에서 연습하다 보면 온몸이 땀으로 범벅이 되었고 우리는 그만치 힘에 부치는 하루가 된다.

눈앞에 펼쳐진 가을 들판의 결실은 봄내 여름내 힘든 끝에 주어진 결과다. 바로 그 엄정한 섭리를 운동회 하루를 위해 오랜 시간을 배우며 준비했다. 지금은 운동회를 봄에도 치르는 경향이나, 시기적으로 가을이 적절하다는 생각이 드는 것도 어릴 적 땀을 흘려가면서 힘들게 연습한 까닭이 아닐까.

더욱 잊을 수 없는 것은 가을이 깊어가면서 조락의 분위기에 휩싸여 지낸 기억이다. 가을과 함께 산들바람이 불기 시작하면 공연히 스산해지고 낙엽이 지고 가랑비까지 날리면 걷잡을 수 없는 외로움이 밀려오곤 하였다.

그 즈음 만난 남학생 하나가 있었다. 이름도 잘 모르는 그 학생은 어린 나의 관심사였다. 중학생이었던 나와는 달리 제법 조숙해 보였는데 하모니카를 좋아했다. 우리 집에서 학교를 가다 보면 아담한 양옥이 한 채 있고 과수나무가 어우러진 뒤뜰 등걸에 앉아 불고 있었다.

특별히 자주 들은 곡이라면 「메기의 추억」이었다. 고향을 주제로 한 곡은 무엇이든 고즈넉한 느낌이었으나 하모니카 특유의 애절한 뉘앙스는 어린 내게도 잊을 수 없는 감동이었다. 해거름에 바람이라도 불면 묻어가는 간절한 여운이 오래 귓전에 남았고 그것이 하모니카를 배우게 된 계기가 되었다.

부모님을 졸라 하모니카를 사 오고 얼마 되지 않아 흉내는 낼 수 있었다. 조금 실력이 늘어간다 싶어지자 친구들은 내게 연주를 청했다. 쉬는 시간이 되면 내가 복도에서 동요와 교과서의 노래를 불면 친구들은 재청을 외치곤 했었다.

철부지 어린 시절에 괜히 으쓱했던 기억이 나면 부끄러운 생각이 앞선다. 하지만 그때가 사춘기였다는 생각이 들고 어쩌면 내가 별반 속 썩이지 않고 사춘기를 넘긴 것도 하모니카에 빠져

지낸 것 때문이라고 생각한다.

생각하니 그때도 가을이었던 것 같다. 하모니카를 무척 좋아하는 듯 틈만 나면 등걸에 앉아 있었으나 가을에 더 자주 들었다. 솔직히 어릴 때라 그렇지 지금 들으면 뛰어난 솜씨도 아니었을 것이나 악기가 귀했던 시절 하모니카로도 감동을 불러일으키던 청년의 감성이 오늘따라 새삼 그립다.

하모니카에 대한 또 다른 기억은 절친했던 친구의 죽음이다. 그 친구도 하모니카를 무척이나 좋아했고 잘 불었는데 나중에 알고 보니 그게 폐를 상하는 결과가 되었다고 한다. 그보다 훨씬 큰 관악기도 많은 걸 생각하면 그 친구는 유독 폐가 약했었나 보다. 결국 그게 원인이 되어 세상을 떠났으니 미처 꽃 피지도 못하고 저 세상으로 간 아쉬움에 한동안 멀리하였고 그때부터 별반 내키지 않는 악기로 남았다.

가끔 그때의 청년이 생각난다. 그때 중학생이었던 나도 벌써 일흔을 바라보고 있으니 어엿했던 그 청년은 아마 80이 가까울 것이고 어쩌면 이 세상 사람이 아닐 수도 있겠으나 고즈넉했던 하모니카의 음률은 아직도 귓가에 쟁쟁하다.

하모니카는 나무로 된 직사각형의 틀에 조그마한 칸이 있고, 그에 입을 대고 숨을 불어 넣고 빨아들여 소리를 내는 관악기의 하나다. 지금은 예전의 으쓱하던 소리도 낼 수 없이 오래전에 연주한 악기고 지금 흔히 유행하는 우크렐라 같은 소품인데 애틋한 기억 때문인지 이상하게 애착이 간다. 일찍 세상을 떠난 친구와 더불어 하모니카에 관련된 오랜 세월을 생각하면 지금도 만감이 교차한다.

그처럼 해맑을 수가

참 맑은 눈동자입니다. 심부름을 갖다 오는지 혹은 학용품을 사 갖고 오는 길인지 몰라도 예닐곱 살쯤 되어 보이는 천진한 어린이의 눈을 보고 호수 같다는 생각을 했습니다. 그러다 너무 흔해 빠진 표현인 것 같아 접어둔 건 잠시 후였습니다.

허나 그뿐 더 이상의 절묘한 비유를 찾지 못했습니다. 세상에 그 어린이가 운전하는 절 보고 뜻밖에도 손을 들어 인사를 하지 뭡니까. 그 어린이의 인사는 인사였고 그래서 표현을 못했다는 건 아무리 봐도 핑계였습니다. 그도 그럴 것이 운전대를 잡고 별 답례할 틈도 없었지만 생생한 느낌은 여전합니다. 너무도 맑은 눈 때문에 싫증나지 않고 바라볼 수 있었다 해도 저로서 무슨 더 기막힌 표현이 나오겠습니까. 다시 한 번 시골의 따뜻한 인간미가 느껴집니다. 한가로운 도로였기에 그 어여쁘고 해맑은 웃음을 볼 수 있지 않았을까요. 도회지 같으면 많은 사람들 틈에 어디 보일 수 있을 법합니까. 오늘은 참으로 그 아이와 나는 마주치는 순간 좋은 일만 있을 겁니다. 대자연을 안고 덩실덩실 춤추면서 행복에 겨워 할 것입니다.

아까시 핀 언덕을 배경으로 한 길가에서 언제까지고 그 소녀를 바라봅니다. 볼수록 해맑은 표정인데 싶어지다가 저의 짧은 문장력을 원망했습니다. 저도 어릴 때는 그랬을 텐데 찌들대로 찌든 지금 적절한 느낌이 없는 것 같아 서글펐습니다. 곧 이어 생각해 낸 게 어렸을 적 자주 들어 온 마음의 창이라는 그것입니다. 귀에 익은 말이기는 해도 그 뜻은 진정 오묘하다 싶었습니다. 복잡한 감정의 깊이는 몰라도 희비애락으로 교차되는 마음의 변화는 숨김없이 드러났던 기억입니다. 감춘다 해도 오히려 감추려는 그 마음까지 읽을 수 있는 눈은 그렇게 감정의 여과장치라 할 수 있겠습니다.

나 어릴 적에는 눈이 작기보다는 속눈썹이 눈동자를 찔러 햇빛을 바로 보기가 힘들었습니다. 지금 같으면 안과에 가서 치료를 하지 않았나 싶습니다. 웃는 얼굴이 아닌 항상 찡그리고 다녔던 기억입니다. 그때 저는 큰 눈이었으면 싶은 생각도 들었습니다. 얼굴의 한 부분이기 때문에 잘 생기고 못 생긴 차이는 물론 있습니다. 하지만 말갛게 비칠 정도로 투명한 빛은 똑같이 만들어지지 않습니다. 사람들이 눈동자를 보고 그 사람의 면모를 파악하는 건 그 때문입니다. 동자가 까맣고 또렷하면 총명하다든지 또는 눈이 크면 보이는 게 많아 안목이 높아진다는 말을 듣기도 했을 겁니다. 옳다고는 할 수 없지만 전적으로 부인할 수도 없는 일입니다. 외양이 중요한 건 아니라 해도 그 마음이 그대로 비치는 눈동자라면 남다른 이미지 관리가 필요한 게 아닐까요.

한 어린이로 인해 그런 생각을 하게 된 것도 생각하면 우연일 수 있겠지만 나는 오늘 많은 것을 깨우친 느낌입니다. 저와는 천양지차로 다르게 맑은 눈동자를 보고 서투른 글이나마 쓰고자 하는 마음도 딴에는 소중하다는 생각이 듭니다. 제가 아주 찌들었다면 그렇게 해맑은 모습을 보고도 느낌이 오지 않았을 겁니다. 그보다 불행한 일도 없겠지요. 다행히 어린 아이의 귀여운 모습에서 강렬한 느낌을 어설픈 대로 드러낼 수 있는 문학적 소양 역시 오랫동안 갖춰야겠지 싶어집니다.

지금 저는 그 어린이가 있던 자리에 왔습니다. 당연히 그 어린이는 볼 수 없었지만 눈동자에 깃들어 있던 웃음은 잡힐 듯 떠오릅니다. 내가 한 어린이의 모습에서 온길을 뒤돌아보듯 나를 본 누군가도 그런 성찰의 시간이 되었으면 좋겠습니다. 저의 뇌리에 박혀있던 어린 아이의 이미지도 천진한 모습에 기인했음을 돌아봅니다. 이 세상 가장 아름다운 건 꾸밈없이 순수한 그 마음이었다는 생각을 하면서 말입니다.

반짝이는 봄이 왔다

봄이 온다. 여기도 봄, 저 쪽 건너 산에도 봄, 내 마음에도 봄이 왔다. 봄의 전령사가 등이라도 긁어 주었으면 움찔대고 요란하게 떠나고 싶은 마음을 진정시켜 주련만. 저 넓은 들판에는 고즈넉함으로 봄이라는 소리를 새록새록 들려준다.

거대하게 상륙하는 봄볕에 취해 본다. 봄이라는 때때옷으로 갈아입고 배낭은 나의 필수로 등에 메고 한없이 걸어서 그 어디에서인가 나를 반겨 줄 것 같은 지금 이 마음을 다독여보며 작은 동산에 앉았다. 별로 하는 일이 없는 것 같으면서도 바쁘고 갈수록 삭막하기만 하다.

지금도 이 동산에 앉아 곧 새싹이 돋아 꽃피고 겨울에 진 자리에 열매가 맺고 영글기를 거듭하는 모습에서 시골에 내려와 살면서 알 수 없는 그 무엇에 억눌려 염증을 일으키던 것을 몸과 마음을 풀어 보고 싶다. 잘 살면서도 불행하다고 느끼는 마음을 훌훌이 따스한 봄볕에 띄워 보내고 싶다. 겸손해지고 싶다.

그저 밤에 뜬 별과 달들을 생각하는 마음을 더 승화시켜 아름다움으로 말이다. 아주 젊은 시절 하루는 아버지께서 노란 털옷을 사다 주셨다. 옛날에는 기계로 짠 털옷을 입다가 싫증나면 주전자에 뜨거운 물을 끓여 가며 그 기운으로 반듯하게 풀어서 새로 짜 입었다. 내가 입었던 것일망정 새로운 무늬를 넣고 짜서 동생들에게 입히면 전혀 다른 새 옷이 되곤 하였다.

그 옷을 사다 주신 아버지께서는 그저 큰딸에게 입히고 싶은 마음이었을 것이나 그때만 해도 제법 큰돈이었을 텐데 망설이지 않고 쓰신 것이다. 봄이면 항상 우리 뜰에 제일 먼저 피는 산수유꽃의 노란색을 볼 때면 그때 아버지가 사다 주신 털옷이 스쳐간다. 아버지를 회상하는 마음이 괜히 서글프고 고집쟁이로서 그 마음을 상하게 했던 기억이 새롭게 나곤 한다.

봄은 잠깐 왔다 순식간에 사라지는 것 같다. 찬란하게 봄의 빛으로 다가오다가 언젠가 모르게 소멸해 버리듯 하는 봄은 조금 더 있어 주었으면 하는 아쉬움마저 든다.

이때쯤이면 내 고향 강원도에는 바닷가에서 해초를 만지고 있겠지. 돌에 붙은 돌김을 전복 껍데기로 긁어 가면서 까맣게 그을리기 시작하는 것도 이 찬란한 봄볕에서 시작이 된다.

동해 바다에서 해가 떠오르며 동시에 봄이 오는 바닷가에 서 있는 기분을 느껴 본다. 바위에 서 있으면 하얀 파도가 그것도 봄이면 하염없이 따스한 느낌으로 내가 서 있는 곳으로 밀려오다 물러난다. 지금 느끼는 이 봄도 포근하고 따스한 기운이 파도가 물밀듯하는 이내 마음과도 같다.

봄을 마음으로 느끼며 앞을 보니 냉이가 어느 결에 꽃이 핀 것이 많다. 호미로 캐 보니 뿌리가 제법 실하다. 뿌리 냉이는 튼실하게 자라 있어서 나물로 무쳐도 고소한 맛이 입가를 기름지게 한다. 깨끗이 씻은 냉이를 날콩가루에 굴려 된장을 풀고 끓일 생각으로 열심히 호미질을 하고 있다.

호미질을 하는 손이 나도 모르게 바빠진다. 노곤한 봄을 만끽하며 저녁밥상에 봄과 함께 보글보글 끓는 모습으로 가득하다. 그간 된장찌개에 냉이도 한 번 넣지 못했는데 오늘은 냉이를 씻어 넣고 모처럼 맛있게 끓여 봐야겠다. 봄기운을 받은 냉이가 오늘의 저녁 밥상을 한껏 푸짐하게 해 줄 것이다.

우리에게 정작 필요한 것은

나그네 두 사람이 길을 가고 있었다. 더위에 지쳐 쉴 곳을 찾다 보니 마침 커다란 미루나무가 있고 둘은 그늘 아래서 휴식을 취했다. 갈증이 풀리자 두 나그네는 불쑥 미루나무에 대한 얘기를 꺼냈다.

한 사람이 "이 나무는 키만 클 뿐 영 쓸모가 없군." 하자 다른 나그네가 "그래, 열매도 달리지 않으니 전혀 무용지물이야."라고 맞장구를 치면서 한참 동안 불평을 늘어놓고는 저녁이 되자 짐을 싸들고 일어섰다.

잠자코 나그네들이 하는 말을 듣던 미루나무는 떠나는 그들의 뒤에 대고 소리쳤다.

"내가 만든 그늘에서 편히 쉬어 놓고는 아무런 쓸모가 없다니 고마움을 전혀 모르는 사람들이군."

늘 겪는 일이다. 나 자신만 봐도 우선 시골에 살면서 온갖 풍요를 누리고 있다. 이따금 도시에 나가면 얼마나 오염이 심한지 시골의 맑은 공기가 생각날 지경인데 막상 와서 살면 까맣게 잊고는 교통이 나쁘다느니 어쩌구 하면서 불평을 늘어놓는다.

도심에 나가 살면 교통은 편한지 몰라도 공기가 탁해서 그 또한 견디기 힘들다. 그 아주 작은 불편보다 훨씬 좋은 점을 자칫 잊게 되는 건 어떻게 설명해야 될까.

그들 나그네는 나무 밑에 앉아 쉬면서 열매까지 먹기를 원했을 것이나 세상은 그렇듯 만만한 게 아니다. 맨 처음 걸어가다가 지쳐 있던 중 느티나무를 보았을 때의 감동만을 생각해야 하는 것을. 좋은 일은 쌍으로 주어지지 않는 게 세상 이치다.

그늘에서 쉬어 피곤이 풀리면서 가당치 않게 열매 타령을 하게 된 폭이나 나그네들의 욕심대로 그늘과 열매가 한꺼번에 주어지는 건 결코 바람직한 게 아니다. 세상의 양면성이란 한꺼번에 두 개를 욕심내는 게 아닌 절반만 취하고자 하는 조심스러운 마음을 뜻한다. 우리 원하는 뭔가를 취할 때는 결과는 늘 좋고 나쁜 두 가지 양상으로 나타난다는 의미였기에 함부로 말할 건 아니다.

오늘 아침에 본 까마귀만 해도 그랬다. 까마귀라면 흉조라고 다들 싫어하지만 안국선의 「금수회의록」에 보면 제 부모를 봉양하지 않고 귀찮게 여기는 사람들에게 반포지효를 들먹이면서 훈계하는 내용이 나온다.

날개는 온통 검은 빛깔이라 칙칙하고 불쾌하기는 해도 눈 먼 부모를 봉양하는 마음이야말로 보기 드문 효심을 나타내는데 단지 생김이 흉한 것만 즉 눈에 띄는 것만 탓한다. 느티나무의 그늘을 즐기면서 열매가 없다고 타박하는 것과 다름이 없다.

하기야 그래서 겉만 희고 속은 검을 수도 있는 백로 같은 이미지에 팔려 저지르는 시행착오도 많았다. 눈에 보이는 것에만 연연하다가 까마귀처럼 겉은 비록 검을지언정 속은 박 속처럼 맑고 깨끗한 점을 외면한다면 그보다 큰 오류가 없을 것이다.

안팎이 다 희면 더 바랄 게 없을 것이나 겉만 흴 뿐 속이 검을 때가 문제다. 고시조의 내용처럼 겉 희고 속 검은 건 문제가 되나 겉보다 속이 흴 때는 오히려 보기보다 진국인 경이로움을 느끼게 된다.

까마귀 종일 울어도 까옥 소리뿐이라느니, '까마귀 대가리 희거든'이라고 하듯 도무지 될성부른 게 아니라는 등 바람직하지 못한 이미지도 많으나 자손도 없이 초라하게 제사를 지낼 때 까마귀도 모를 제사라고 하는 속담에서도 볼 수 있는 것처럼 효심이 지극한 그 정성만을 참작할 수 있는 아량이 필요하지 않을까.

가끔 떼를 지어 논밭으로 내려갈 때 미련한 사람들은 곡식을 해치는 벌레를 잡아먹는 줄 모르고 공연히 조바심을 친다. 일의 전말도 모르고 단순히 곡식을 파먹는 줄로 안다고 하는 글귀에서처럼 당장 보이는 것만 보고 오류를 범하는 일이 많다.

까마귀 날자 배 떨어진다고 하는 말 역시 알고 보면 내막을 모르고 지껄이는 선부른 행동을 징계한 속담이다. 애당초 꼭지가 무른 배에 앉은 건 까마귀의 실수라 해도 어차피 떨어지게 되어 있는 배를 구태여 까마귀 탓이라고 믿는 억지야말로 우리들 추한 본성을 그대로 드러낸다.

겨울이면 높은 나무 위에 마른가지로 둥지를 지어 놓은 모습은 외부의 침입을 막을 모양인지 튼튼하게 동여 매여 놓은 듯하다. 그만큼이나 길게 솟아 있는 소나무 가지를 택한 까치들을 볼 때 작은 새들마저도 소나무의 거대한 숲에 둥지를 튼 까닭이 우리네 인간들과 같지 않을까 싶다.

씹은 먹이를 다시 뱉어 부모를 봉양하는 효성이 지극한 새로 알려진 까마귀가 나의 마음을 풍성하고 훈훈하게 다독인다. 갚을 수 있는 것에 연연하지 않고 까마귀처럼 어진 마음을 만들어 가는데서 새로운 나의 품위를 키워 가는 것이 바른 세상살이에의 갚음이 아닐까.

어쨌거나 그늘이 좋은 나무는 열매가 좋을 수 없다. 그늘이 좋은 나무라서 모든 영양이 잎으로 가다 보니 열매가 있을 수 없고 설령 달린다 해도 에멜무지로 조금씩 달리는 흉내만 내고 마는 게 세상 이치다. 반면 사과나 복숭아 등의 과실수는 그늘을 만들지 못하는 것 또한 유념해야겠다. 꽃이 좋고 열매가 실하면 가지는 빈약하게 마련이건만 꽃과 열매 심지어 그늘까지 좋기를 원하고 있으니 그래서 사는 게 힘들다. 우리에게 정작 필요한 건 전부가 아닌 일부분이고 그것만 취할 수 있는 여유가 삶의 한 지혜다.

나는 너를 잊어도

춥다. 그러면서도 봄이라는 느낌은 완연했다. 뜰에는 이미 봄물로 가득 찬 상태다. 엊그제 풀을 뽑아 준 까닭인지 작약이며 모란은 벌써 손톱만한 잎이 돋았다. 그밖에도 쏟아 부은 듯 번져 나간 돌나물이 푸른 봄을 고스란히 드러내는 것 같다.

응달에 들어서면 아직 잔설이 남아 있다. 그러나 양지쪽에는 버들개지가 파랗게 눈을 뜨고 있다. 얼마 전 삼태기만큼 들어있던 봄이 이제는 넘칠 듯 출렁인다. 가물대는 아지랑이를 따라가던 내게 문득 까마귀 세 마리가 눈에 띄었다.

모이를 찾는지 세 녀석이 어울려 다니며 땅바닥을 헤집는다. 너무도 천연스러운 모습에 한참 넋을 잃고 바라보았다. 셋은 어울리기 힘들다는데 그것도 사람 아닌 까마귀가 사이좋게 먹이를 찾는 게 어쩐지 예사롭지 않아 보인다.

허나 그 마음도 잠깐 어느새 두 마리는 날아가고 한 마리만 오도카니 앉아 있다. 저들에게도 소위 다툼이라는 게 있는 것 같은 생각이 들었다. 그렇지 않고서야 멀쩡히 잘 놀다가 하나를 남겨 두고 갈 이유가 없지 않은가.

혼자 남은 녀석은 그러나 별다른 기색이 없다. 풀더미를 헤쳐 모이를 쪼아 먹는가 하면 밭둑을 서성인다. 한참을 보이지 않는다 했더니 저만치 산을 한 바퀴 돌아오고 있다. 그리고는 불시에 시냇가에 있는 나뭇가지로 날아오른다.

그 꼴을 보노라니 오래전 친구가 떠오른다. 지금 생각해도 꽤나 절친한 사이였는데 무심결에 멀어지고 만 것이다. 그때로서는 잘 알지 못했던 이유가 확연히 떠올랐다고나 할까. 뒷모습을 보이는 친구에게 한마디 말도 못하고 그저 허전할 뿐이었다. 한동안 그때의 일이 뇌리에서 떠나지 않았다. 그러면서 날아가는 새만큼도 못한 가슴으로 나는 혹 너를 잊어도 너는 나를 결코 잊지 못할 거라는 생각이 마음 한 구석 잠재되어 있었다.

나의 이런 마음이 이기적인 건 물론 사실이다. 그러면서도 그게 상대방에 대한 지극한 애정 표현으로 생각하고 싶은 이유를 모르겠다. 네가 나를 잊지 않는다는 건 날 위해서가 아니라 상대방의 진심을 표출하는 거라고 생각했다. 나는 못된 사람이라 잊는다 해도 마음씨 여린 너는 마음속에 오래 담아 두는 것으로 자신의 허전함을 달랠 수 있을 것으로 여겨본다.

보내는 사람보다 힘든 건 사실 떠나는 사람이다. 배신을 당한 사람보다 못 견딜 건 곧 배신하는 당사자라는 것이다. 도둑맞은 사람은 곧 잊어버리지만 훔쳐 간 죄의식은 오래까지 남게 된다. 배신당했다는 피해의식보다 더 큰 건 비겁한 자신에의 혐오감이었던 것이다. 몇 년을 사이좋게 지내던 친구로부터 멀어졌을 때의 내 마음을 누가 알까마는 다만 나 자신 내 마음을 독으로 품지 않았나 싶다.

돌아올 때까지도 까마귀는 혼자였다. 혹여 동무 까마귀가 그새 돌아올 것을 생각해 왔던 만큼 심기가 편하지 않다. 그보다는 함께 놀다가 떠나간 두 마리를 생각해 본다. 지금 내가 볼 때는 아니라도 언젠가 한 번은 찾아올 것으로 생각하는 마음이 긴긴 봄날에 더 푸근해지는 것 같다.

헤어졌던 친구를 생각해 본다. 어쩌면 나 이상으로 마음 아파했을지도 모른다. 하필이면 나와 다정했던 친구와 결혼한 것을 뒤늦게 소문을 들어 알았지만 꼭 그랬어야만 했는지…. 지금은 서로가 잊고 있지만 그때의 심정은 얼마나 잘 살아 가나 보자고 했던 것이 지금 생각하니 그렇게 잔인하였나 싶다. 그 후 동창회는 나가지 못했고 내게는 모임과 친구를 모두 멀리하는 결과가 되어 버렸다.

그 사람들도 이제는 노후로 접어들었을 텐데 아스라함으로 혼자 남겨둔 까마귀 같은 안쓰러움이 불현듯 스쳐간다. 어리석은 나는 그래도 비온 뒤에 땅이 굳듯이 돌아오면 훨씬 도타워질 수 있을 거라 믿었던 것이 부끄러움으로 와 닿는다.

저 녀석도 나처럼 새로운 친구를 사귈 동안의 공백기가 있을 것이다. 오랠수록 좋은 친구라는 건 누가 뭐래도 부인할 수 없는 사실이다. 일 관계로 여러 사람을 사귀어 보았지만 그 친구만 못하다는 것은 마음에서 없어졌다.

그만큼 세월이 흘렀음일 게다. 조건이나 여력 등은 더 나아졌을지 몰라도 인간관계로서 한계라면 지나친 독단일까. 문제의 까마귀는 그새 보이지 않는다. 먼저 날아간 두 녀석과 화해를 하고 있을 것도 같고 혼자 끙끙대다가 다른 친구를 사귈 수도 있겠다. 어찌 되었건 좀 전의 서운했던 마음을 다 털어버렸으면 싶다. 그래 '구관이 명관'이며 '술하고 친구는 오랠수록 좋다'는 말을 전해주고 싶다.

나들목에서

멀리 나들목이 보이기 시작했다.

해지기 전에 자동차로 한 바퀴 돌고 올 작정으로 집을 나선 길이다. 산모퉁이를 달리는 마음이 평온하고 고즈넉하다. 얼마를 달렸을까. 많은 차들이 서로의 안부라도 확인하려는 듯 몰려든다. 순서를 기다리는 동안 나직한 언덕배기에 흐드러지게 핀 들꽃을 보았다. 차량 통행이 많아 어수선한 곳인데도 거기 피는 꽃은 여전히 아름답다. 나들목에서 보는 느낌이라 그렇게 색다른 성싶다.

나들목이란 교통이 지체되지 않도록 도로가 교차하는 부분에 입체적으로 만든 시설이다. 운전을 하다가 이따금 나들목에 들어서면 수수로운 마음이 들곤 한다. 사물을 여러 각도에서 파악할 수 있게 만든 것도 그렇지만 내 삶 또한 얼마나 다양한 각도에서 보고 살았는지를 생각하다 보면 나들목에 와 있는 것처럼 느껴진다고나 할지.

나들목에 들어서면 방향을 정확히 제시해 주는 표지판이 있다. 말할 것도 없이 운전자들은 그것을 보며 갈 길을 파악하게 되듯 우리 또한 삶의 나들목에서 지나온 길과 앞으로 나갈 길에 대해 나름대로 생각을 한다.

지금까지 달려온 것처럼 계속 나가도 무리는 없을지 혹은 똑같이 나가다가 건강과 나아가야 할 길에서 방향 제시를 어떻게 지나가야 되는가를 생각하게 된다. 아무 생각 없이 살아 온 것 같은 마음을 되짚어 후회와 아픔을 또한 즐거웠던 점을 차분히 정리하여 가며 살아가는 자세에서 나의 미래를 짐작하는 것이다.

운전을 하다 보면 가끔 잘못 길을 짚을 때가 많다. 운전을 하면서도 지금 잘못 들어섰구나 하는 의혹에서 사로잡힐 때 나들목이 곧장 나타나면서 불안감이 해소되고 다시금 정확한 길을 찾아 나갈 수 있게 된다. 그 외에 뚜렷한 목적 없이 무심코 달릴 때도 나들목에 들어서면 제동을 거는 식으로 현재의 상황을 잠깐 돌아보게 된다.

그런 점에서 볼 때 나들목이 자주 설치되어 있다면 참으로 편리할 것이나, 그것을 믿고 신중을 기하지 않는 경향도 문제라면 문제다. 나들목의 전광판에 지역과 요금을 보면서 어디에서 출발하여 여기까지 왔음을 알려주는 그 정도가 정석일 뿐 잘못 들어선다 해도 다시 길을 잡을 수 있지 않을까. 여기에 출발과 시작을 허술히 하게 되는 건 유감이 아닐 수 없다.

언젠가 산에서 길을 잘못 들어 고생한 적이 있다. 오래전 습관처럼 앞산을 오르는데 문득 보니 늘 가던 산등성이가 아닌 엉뚱한 곳에 와 있지 않은가. 짐작컨대 그 시간이면 얼추 정상에 올라 건넛마을 풍경과 멀리 들판을 바라 볼 즈음인데 계속 험한 산길로 이어졌다. 길을 잘못 들었다는 생각에 곁눈질도 않고 오르다가 총을 든 사냥꾼과 사냥개를 만났다.

얼마나 무서웠던지 십년을 감수한 기분이다. 산짐승이 아닌 사람인데도 다시는 혼자 산을 오르지 않겠노라고 다짐하였다. 동네 뒷산이라 나들목은 가당치 않았을 것이나 애당초 신중하게 길을 잡지 않고 출발한 경솔함을 거듭 생각하며 느낌이 많았다. 모든 삶의 나들목은 이정표라 할 것이되 중간 중간 점검을 하면서 현재를 파악하는 역할이다.

우리 살 동안의 나들목은 수없이 거쳐야 될 관문이다. 수많은 차가 만나는 교차점이라는 것 그대로 과거와 미래의 내가 만나고 헤어지게 될 지점이다. 과거의 나를 보고 미래의 내가 실망할 수도 있고 미래의 나를 보고 과거의 내가 스스로 부끄러워하는 경우도 있다.

내 살아온 날을 되짚어 보며 어떻게 무엇을 왜! 하며 여기까지 왔나를 곱씹어 볼 여유를 지금 서 있는 곳에서 찾아보게 되는 것은 삶의 활력소다. 강둑을 걷다 가도 지인을 만나러 갈 때도 접경지에 도착하면 언제나 생각할 수 있는 방향 제시를 해주기 때문이다.

옆 산등성이 나뭇가지에서도 산비둘기 비슷한 산새가 앉아 어디로 날아갈까 또는 저기쯤 가지로 가면 편안하게 지저귀며 안주할 수 있을까라고 생각하는 것처럼 머뭇거린다. 저 새들도 잘못 방향을 잡으면 허공에서 표류하거나 혹은 맹금류에 쫓겨 모진 고생을 할 수도 있고 결국 생사가 달린 위험 속에서 가히 심사숙고 할 문제로 여겨진다.

우리 또한 나들목에 설 때마다 저들과 같은 망설임이 얼마나 많을지 생각해 본다. 모든 길이 순탄하면 그야 더 바랄게 없겠지만 혹 감당해야 할 몫이 있을 때 지혜로 혹은 기도로써 극복하게 되고 그럴 때마다 우리는 나들목에 서 있으면서 한 차원

자라게 된다.

날개 달린 새에게도 두 발로 걷는 인간에게도 모두가 생각과 감각이 공존하는 것을 볼 때 가끔 나뭇가지에 앉아 있는 새들을 한참 눈여겨보며 새들의 생각과 나의 마음을 서로 비춰 보기도 한다.

마수걸이

오늘은 일요일, 모처럼 화창한 날씨다.

장독 뒤 언덕배기에는 봄을 맞는 매실꽃으로 뒤덮였다. 하얗다 못해 뽀얗고 흐드러지게 피었다. 몇 년을 그 자리에서 늠름하기만 하던 모습이 처음으로 내게 평화로움을 가슴으로 안겨준다.

작은 골방에 앉았다. 우거진 나무 사이로 무언가 움직이는 모습에서 부스럭거리는 소리와 함께 서서히 움직인다. 언덕배기 밭으로 내려오더니 닭장을 보는 듯 멈추어 선다. 자세히 본즉 아주 작은 노루가 눈을 말똥거리며 나있는 방향을 보고 있다. 엄마 품에서 금방 빠져 나와 걸음마라도 하는 듯 작고 귀엽다. 그 작은 노루를 보면서 너는 이제 막 세상과 마수걸이를 하는구나 싶은 생각이 들었다. 노루의 털은 갓 낳은 송아지 빛깔 같다.

나 역시 세상과의 마수걸이는 무자년 동짓달에 시작되었다. 그때는 병원에 갈 생각 없이 소독한 가위로 탯줄을 자르는 게 보통이었다. 특별히 어머니는 아버지께서 손수 해 주시는 미역국으로 산후조리를 하셨다. 지금은 이 세상에 계시지 않은 아버지는 네 명의 동생에게도 똑같은 방법으로 아기들을 받아 내셨다 한다. 위로 딸 둘을 연거푸 낳을 때마다 한편으로는 서운하셨을 아버지를 생각하면 아니 첫 마수걸이로 '아들을 보셨다면 얼마나 좋아하셨을까'라는 아쉬움에 마음이 사뭇 아려 온다.

아버지는 첫아들로 태어나셨다. 집안에서 세상과의 첫아들 마수걸이로 온 집안의 귀염을 받고 자랐지만 얼마의 세월이 흐른 후에는 이복동생들을 보살피셔야 하는 무거운 짐을 떠맡기도 했다. 아버지 말씀으로는 계모였던 할머니는 할아버지가 돌아가신 뒤 당신이 낳으신 자식을 데리고 다시 재가하셨다고 한다. 아니 아들인 삼촌만 데려가고 딸인 고모는 우리 집으로 돌려보냈는데 이상하게도 요강을 들려 보냈단다.

그 당시는 물론 지금까지도 알 수 없는 부분이다. 지금과는 달리 우리 어릴 적에는 딸이 시집 갈 때 요강을 챙기기는 했지만 재가를 하고 딸을 보내면서 요강을 챙긴 것은 지금도 모를 일이다. 그것도 집 주변의 전봇대에 묶어 놓았다는데 전처소생인 아버지께 부담을 안겨 주는 것이 미안하셨을까. 그때의 나 역시 지금 밖에서 본 노루 같이 세상과의 마수걸이에서 소통하는 법을 익히는 중이었으니까.

그 고모가 아버지 옆에 요강을 들고 들어오던 모습이 어렴풋이 기억이 난다. 그때는 그냥 고모라고 하니 언니도 없는 나로서는 세 살 위였던 고모가 유일한 친구였고 동기간이었다. 자라면서 고모와 많이도 어울리고 고모를 따르고 지냈으니 내게는 더 없는 친구와도 같은 고모였다.

장사하는 사람들은 마수걸이를 잘해야 대박이 난다고 하는데 날 때부터 세상과의 마수걸이에 실패한 고모는 갖은 풍파를 겪더니 말년에는 또 병마와 싸우며 쓸쓸히 세상을 떠났다. 마수걸이를 잘 해도 힘든 말년을 보내는 경우가 있지만 남달리 사연 많은 고모였기에 아늑한 저세상에서는 불편 없이 잘살았으면 좋겠다는 생각이 든다.

나는 어떻게 마수걸이가 되었는지를 새삼 돌아본다. 아무것도 모르는 상황에서 내 의지와는 상관없이 세상에 태어나는 것인데도 달라지는 삶의 양상은 가지가지다. 판단능력이 전혀 없는 어릴 때 부모님에게서 마수걸이로 태어난 나는 가족에게 얼마만큼의 존재 의미를 새겨 왔는지, 더불어 아름다운 미래와 지난날을 곱씹어 보며 살아온 날을 반추하는 것을 새삼스레 느껴본다.

돌아보면 그런 대로 편히 산 인생이다. 크게 이룬 것은 없지만 나름대로 행복한 가정을 이루었다고 자부한다. 오늘처럼 햇살 가득 머금은 산등성이를 보며 행복한 기쁨을 누릴 수 있는 것도 태어날 때 세상과의 마수걸이를 잘 해 준 부모님 덕분이라 여겨지고 그래서 뿌듯하고 보람찬 삶이 되었다고 생각하는 마음이 햇살만치나 따스하다.

앞으로 나는 또 어떤 마수걸이에 연연하며 살게 될지 모르겠다. 마수걸이는 곧 첫 시작이 좋으면 마지막까지도 괜찮을 거라는 행운과도 같은 중요한 지침으로 믿는 것처럼 언제 얼마나 세상과의 동거에서 슬기롭고 보람차게 살아갈지. 앞으로의 일에 소망을 갖고 기대하는 마음은 아름다울 것이다.

살다가 뜻대로 되지 않을 때 즉 마수걸이가 신통치 않아도 마무리에 최선을 다해야겠다. 잘 나갈 때 같지는 않아도 끝마무리가 순조로우면 그런 대로 넉넉한 날이 될 것을 믿으며 살고 싶다. 언제 어떻게 전개될지 모르는 마수걸이의 바람직한 조짐으로 작용할 것을 믿으며, 모처럼 따스한 봄날 또한 일 년 날씨의 최고 마수걸이가 될 것도 아울러 생각하여 본다.

4부

한적한 시골 토담집에서 좋아하는 글 쓰고 지내는 날들이 내게는 무척 소중하다. 남에게 보일 정도로 잘 쓰는 것도 아니고 누군가 인정해 주는 실력은 더더욱 아니지만 소박한 시골 풍경을 소재로 글을 쓰면서 찌든 마음을 정화하는 행복이야말로 내 삶의 활력소가 된다.

서울의 새벽

말없이 찾아온 가을을 마주한다. 올 때와 같이 떠나면서도 뒤돌아보는 일이 없는 가을은 풍성함을 가득 안겨 줄 것이다. 산등성이 골짝골짝 찾아다니며 화려하게 물들이고는 말없이 훌쩍 가버리곤 했는데 그럴 때마다 나는 계절병에 시달리곤 했다. 가을이면 찾아오는 병으로 괜히 울적하고 소슬바람에도 눈시울이 붉어진다.

그나마 요즈음에는 많이 완화되었다. 소슬바람으로 날씨와 함께 심란했던 마음이 가족들과 소일할 동안 가라앉곤 했다. 바로 엊그제만 해도 초등학교의 운동회에 다녀왔었다. 가을이면 가랑잎 날리는 숲을 거닐곤 했던 때와는 딴판이다. 옛날처럼 떠들썩

하지는 않았어도 모처럼 손자와 함께 보낸 시간이 자못 유쾌했다. 운동회에 참석한 사람들 역시 불콰하게 취한 모습으로 하루를 보낸 그야말로 잔치 기분이기도 했으나 가족들과 즐기다 보니 감상에 잠길 만한 여지가 줄었다는 게 맞는 표현일 것이다.

달포 전에 딸아이들과 서울에서 하루를 보냈다. 사위는 물론 손자들까지 놀이공원에서 여러 가지 기구를 타며 하루를 보냈다. 이어 식사를 하고 백화점에서 쇼핑을 했다. 사전에 의논을 하였는지 딸들에게서 가방과 옷을 선물 받고 보니 무척 흐뭇하였다. 이제는 딸들에게 무엇을 원하면 얻을 수 있게 되었구나 하는 생각과 더불어 아이들 키울 때 매달리며 사달라고 조르던 시절이 주마등처럼 스쳐간다.

용돈을 달라고 할 때마다 백 원만이라는 말로 통용되었던 시절이다. 물가가 올라 지금의 천 원 정도 되었을 것이나 그 돈만 주면 흐뭇하게 나가서 군것질거리를 사 들고 오던 아이들이 기특하고 한편으로는 미안했다. 크게 잘해주지 않았어도 불평 없이 공부 열심히 하면서 제 앞가림을 해 왔고 다들 성장해서 제각기 가정을 꾸리며 살고 있으니 말이다.

쇼핑을 다니고 커피를 마시다 보니 어느새 해거름이 되었고 하룻밤은 호텔에서 묵기로 했다. 미리 예약이 된 듯 종업원이 나와서 안내를 해 주는데 40층이 넘는 제법 화려한 건물이었다. 객실의 분위기는 아늑하고 침실 바닥은 편해서 푹신푹신 구름 위에 앉아 있는 느낌이다. 저녁을 먹고 후식을 먹다 보니 이야기가 끝이 없다.

자식이라 해도 피차 바쁘게 사는 터라 흉금을 터놓을 기회도 많지 않았다. 밀린 얘기는 끝이 없었으나 막 겨울로 접어든 시점에서의 수다는 자정이 넘어 모두 잠자리에 들었다. 얼마나 시간이 흘렀을까. 불현듯 새벽빛이 어슴푸레하다. 자리에서 일어나 조심조심 창가로 갔다.

커튼을 밀치고 창문을 여니 이제 막 눈뜨는 서울 하늘이 눈앞에 다가온다. 그보다는 청정한 새벽 공기가 방안 가득 들어온다. 지금은 수년이 지났지만 서울에서 생활할 때도 새벽이면 서울의 공기는 꽤나 맑아서 흡입하는 심호흡은 신선하였다. 4시를 넘긴 서울의 하늘은 먼동이 트기 전 막 날이 밝을 무렵의 여명에 휩싸여있다. 수많은 자동차와 화려한 가로등 불빛에서 활기찬 수도 서울의 하루를 본다.

집에 있었다면 아직 이불 속에서 있을 시간인데 모처럼 이렇게 새벽하늘을 바라보는 마음이 제법 고즈넉하다. 이제 다가 올 하루의 시점을 놓고 보니 지금 이 새벽은 하루가 결정될 만치 중요하다는 강박관념에 초조해지면서도 내 처한 시점은 비록 아침이 되기 전의 새벽은 아니어도 연연하지 말 것을 돌아본다. 지금 바라보는 아침 역시 어제 저녁 다음의 시간이고 내 시점이라 할 어둠 역시 내일의 밝음을 위한 과정이었던 것이다.

나의 삶 전체를 놓고 보면 가히 어둠의 시점이나 하루처럼 아침 점심 저녁의 단계로 세분화되면 무리가 없을 듯하다. 아침에서 점심 이어 저녁이 되고 어둠을 맞는 일련의 과정을 남은 삶의 보루처럼 받아들이리라. 아침이라 해도 젊었을 때만은 못해서 시간이 짧고 빛도 약할지언정 남은 삶 전체를 어둠으로 보는 시각보다야 훨씬 낫지 않을까.

서울의 새벽은 다만 어느 누구도 혼자만 만끽할 수 있는 특권이란 것을 혼자 정하여 보면서 언제까지나 수도 서울의 새벽하늘을 그려볼 것이다.

높은 데서 내려다보는 마음은 다리가 몹시 후들거린다. 그래도 볼 수 있는 눈과 마음은 한없이 아름다운 서울의 새벽을 만끽할 수 있다. 바쁘고 부지런히 움직이는 수도 서울이 거대한 내 나라임을 뿌듯한 마음으로 내려다보면서 새벽을 가르는 차량 불빛에 내 마음을 실어 본다.

그 새 창문이 훤하다. 이제 즐거운 시간에서 벗어나 새로운 일상으로 돌아가야겠지. 꽤 세월이 흐른 후에도 오늘 본 서울의 새벽에서 내 삶의 돌파구를 찾을 수 있을 것 같다. 앞으로의 소중한 시간을 위해 더욱 보람찬 날이 되어야겠다. 새벽하늘처럼 풋풋한 내 삶의 향기를 위해.

소리 없이 도움을 받음에

사월의 화창한 오후다.

태양 볕 아래 우거진 소나무 숲 사이로 굴절현상으로 인한 여러 가지 모양의 신기루가 팽팽하게 나타날 때면 더없는 황홀감에 넋이 나갈 정도이다.

설레는 마음을 다독이며 하늘을 바라본다. 까치와 까마귀가 날개를 폭 넓게 피면서 날고 있다. 저 새들의 풍요와 호화로움에 넋을 잃고 앉아 있다. 언젠가 말했듯이 무언의 도움을 받는다는 것은 어떻게 고마움을 전할 길 없다.

매번 받을 수 있음에 어찌 그 표현을 또한 말로서 전달이 되겠는가. 그저 나는 이렇게 무한정 도움을 받는 행복한 여자임을 스스로 인정할 수밖에 그 무엇으로도 갚을 수 없음이 안타까울 따름이다.

오늘은 큰 소나무를 여러 그루 그것도 굴삭기로 움직여 가면서 몇 십 그루를 심는 것을 볼 때 문득 이렇게 나를 위하여 심어 놓는 것 같은 생각에 가슴 따뜻하여 온다. 물론 산 주인으로서는 정원을 가꾸는데 목적이 있겠지만 그 모습을 보는 나 자신은 그 산 전체에서 한없는 도움을 받고 있음에 감사하는 마음이다. 지저귀는 새 역시 내 마음을 평화롭게 한다.

낙엽 떨어져 바스락거리는 소리마저 가슴을 설레게 하는 행복으로 바람에 흩날리며 내게로 와 준다. 바스락거리는 소리에 흠칫하면서도 밤에 들려오는 소리인 양 으스스한 매력을 느낄 수 있어 좋다. 뒷산의 풍광과 자연 앞에, 또한 작은 미물조차도 내게 아낌없는 도움을 줌에 감사하고 영원히 잊지 않을 것을 다짐해보는 내 마음을 화창한 봄날 화사함이 감싼다.

물론 소나무를 자기네 산에다 심는 것이거늘 왜 이다지도 내 마음은 뛸 듯이 좋은 것일까. 슬슬 정상에서 내 작은집을 조망하여 보건대 그 아늑함이란 더없는 따뜻함이 느껴진다.

뒷산 주인에게서 소나무 숲을 선물 받은 것 같다. 빽빽한 소나무 숲은 위에서 보는 것보다 아래에 머물고 있는 나의 작은집이 큰 선물을 말없이 받음에 그 영향을 무엇으로 되돌릴 수 있으랴.

세월에 때가 묻은 내 마음은 언제나 그 산등성이를 바라보는 것만으로도 호흡이 멎을 수 없을 만큼이나 호화로운데 이렇게 다시 우거진 솔밭을 보는 심정을 말할 수 없는 기쁨이다. 세월을 후회하며 반성의 기회를 삼을 수 있도록 무한한 도움을 받음에 오늘도 이렇게 펜을 들어 나만 이렇게 좋아라 흐뭇하게 여겨도 될 것인가 하고 되뇌어 본다.

얼마 있으려니 개울가에 오물 쓰레기 더미에서 까치와 까마귀가 먹이 싸움이라도 벌이는지 쫒고 쫒긴다. 패싸움이 벌어졌다. 보기에는 까마귀가 더 덩치가 우람하니 이길 것으로 여겼으나 실속이 없는 듯하다. 까치에게 여지없이 쫒겨 가고 있다. 그러니 까치가 더 힘이 세고 강단이 있음이 확인되는 결과를 지켜보면서 안국선님이 지으신 「금수회의록」의 기억을 더듬어 본다.

까마귀들이 떼를 지어 논밭으로 내려갈 때 곡식을 해하는 벌레들을 없애려고 가건마는 사람들은 미련한 생각으로 그 곡식을 파먹는 줄로 안다고 하는 글귀에서처럼 지금의 까치에게도 치열하게 싸워서 이기면 남는 것은 무엇인가에 생각을 바꾸었지 싶다. 우리가 살아가는 그 어떤 이유에서든 지금의 나처럼 도움을 받는 또한 도움을 은연중에 줄 수 있음은 서로에게 무한한 기쁨과 호의로 여겨진다.

허튼 소리 하는 사람을 조롱할 때 '까치 배 바닥 같다'고도 하던 말이 새삼 느껴진다. 다 같은 까마귀과의 새로서 다툼이 있을 때는 살벌한 느낌마저 들 정도로 쪼아댄다.

겨울이면 높은 나무 위에 마른가지로 둥지를 지어 놓은 모습은 외부의 침입을 막을 모양인지 튼튼하게 동여 매여 놓은 듯하다. 그만큼이나 길게 솟아 있는 소나무가지를 택한 까치들을 볼 때 작은 새들마저도 소나무의 거대한 숲에 둥지를 튼 까닭을 우리네 인간들과 같은 생각이 아닐까 싶다.

까마귀가 씹은 먹이를 되뱉어 부모를 봉양하는 효성이 지극한 새로 알려졌듯이 나의 마음을 풍성하고 훈훈하게 다독이는 어진 마음을 만들어 가는데서, 또한 새로운 나의 품위를 키워 가는 것이 바른 세상살이에서의 갚음이 아닐까.

속삭이는 항아리들

모처럼 뒤뜰에 나와 화창한 날씨와 어우러진 내 삶과 항아리들과의 반추를 느끼려 한다. 즐비하게 늘어선 제각각의 그 또한 하나하나에서 연민을 느끼고 있는 항아리들 속에서 익은 깨끗하고 맑은 효소를 거르려 한다.

어떤 액체를 거를 것인가 마냥 신이 난 나는 일찍부터 서둘렀다. 뚜껑부터 열어보니 항아리마다 윗부분에 거품 같은 것이 떠 있다. 언제나 그래 왔던 것처럼 일단은 그것들을 체에 걸러 깨끗하게 만든 뒤 준비한 병에 일일이 담아내는 것이다.

1년이라는 준비 과정에서 보여주듯 그동안의 궁금함을 첫 번째의 항아리 그것도 오래된 큼지막하고 둥근 항아리에 몸을 기댄다. 석 달 열흘 간 항아리에서 숙성된 효모들이 정갈한 냄새로 나를 반긴다. 빛나고 잘생긴 효소라는 균들을 한 움큼 집어 들었다. 걸러낸 것을 다시 1년을 삭히는 과정을 거쳐 모든 시름을 이겨낸 효소 앞에서 쩍 벌어지는 입을 다물 수 없었다.

그래 정말 반갑다. 효소들의 이 아름다움을 이 번득이는 건강한 모습들에서 마음껏 환성을 질러본다. 서로 엉켜 삭히는 과정에서 부딪치고 긴밀한 정에 얼마를 속삭이는 과정이 반복되어 오늘 이렇게 좋은 결과를 보여주는 데 그저 감사할 따름이다.

우리 집 뒤뜰에는 수많은 항아리가 늘어서 있다. 효소를 담글 때마다 가지각색 항아리들과 새삼스럽게 만나 회포를 나누는 기분이다. 간장을 담그고 된장을 버무릴 때도 며칠간을 항아리와 씨름하게 되는데 특별히 효소를 담글 때는 더 많은 시간을 장독에서 소일한다. 처음 시도했을 때 한두 가지 담그는 차원을 넘어 다양한 소재로 효소를 담그는 요즈음은 숙성을 유도하는 과정이 만만치 않았던 것이다.

반짝이는 항아리와 투박하리만치 정감이 가는 항아리들과 부딪치는 나의 마음은 그들의 속삭임에서 끼어들어 봄날처럼 따스한 기분을 느낀다. 뒤뜰이 넓어서 정감도 있지만 무한한 세월 속에서의 친근함은 그 어느 곳이 이토록 고즈넉할까. 풍광이 흐

트러질까, 더럽혀질까를 염려하며 언제나 보살피는 나의 이 마음 이 즐거움을 어디다 비할 수 있으랴. 오늘은 효소를 하나하나 걸러내면서 흐뭇함을 감출 수 없다.

그 간 수많은 항아리를 수집해 왔다. 한적한 길가에 묵묵히 서 있는 투박한 항아리만 봐도 구태여 주인을 찾아 사례를 하고 실어 왔다. 뿐인가, 어디 고풍스러운 물건을 파는 곳이 나오면 값은 고하간에 사지 않고는 배기지 못한다. 그렇게 들여온 항아리가 세월과 함께 늘어나면 재산이나 불린 듯 흐벅진 마음이 들곤 하였다.

과히 예쁘지도 않은 물건이다. 예쁘기는커녕 투박한 몸태는 고운 구석이라곤 없는데 밉지는 않은 게 또한 특징이다. 예쁘지 않은 물건이라 당연히 그 반대 개념인 못생겼다고 해야 옳으나 그런 대로 정감이 가고 볼수록 친근해진다.

바로 그 항아리에 담그는 효소의 열매 또한 오랜 날 비바람에 시달리고 땡볕에 농익은 것들이다. 뭐랄까, 고행을 끝낸 뒤 단 열매의 상징이 되었다고 서로 위안하며 속삭이는 걸 보면 푸근한 안식처가 이런 것이라는 생각이 들 정도다.

뒤뜰에 나란히 정리해 둔 곳에서 아래에 있는 작은 동산과 앞뜰을 내려다보며 흐뭇한 표정으로 둘러보고 있는 모습이 내가 보아도 평온하기만 했다. 한겨울, 눈에 뒤덮여 며칠이 가도록 녹지 않다가 따스해지면 불현듯 자위가 돌면서 항아리 가장자리가 움푹 꺼지는 정경도 정감이 간다.

나도 그렇게 살고 싶다는 게 솔직한 심정이리라. 항아리처럼 화려하게 곱지는 않아도 둥그스름하니 소박한 모습으로 사는 것이다. 무에 그리 뛰어날 것도 내세울 것도 없이 가진 것에 만족하며 나름대로 행복을 느끼는 삶이 내게는 소중하다. 아울러 그 항아리 속에서 숙성되는 효소처럼, 항아리 같은 삶의 용기 안에서 오랜 날 참고 견디며 몸에 유익한 효소가 되는 것처럼 질박하기만 한 내 삶 속에도 효소에 버금갈 삶의 이미지를 창출하고 싶은 것이 솔직한 심정이다.

수탉과 빈계지신(牝鷄之晨)

새벽 4시, 오늘도 어김없이 수탉이 운다. 힘든 중에도 아침은 명랑하고 상쾌한 느낌인데 수탉까지 울라치면 그 마음이 더욱 고조된다. 새벽 아침을 상징하는 것으로 수탉보다 더한 게 또 있을까 싶은 것은 나뿐이 아닌 모두의 감상이리라.

수탉이라면 그래서 일단 아침잠을 깨우는 것으로 기억나는 걸까. 가끔 새소리에 깨기도 하지만 그 소리도 수탉이 울고 난 뒤의 일이다. 홰를 쳐 우는 소리에 잠이 깨면 그 다음 새들이 몰려 와 지저귀곤 했으니 새벽하늘 울려 퍼지던 수탉 울음이야말로 여명을 가르는 소리 그대로였다.

지난해부터 스무 마리의 닭을 키우고 있다. 병아리를 분양해

온 지 열 달이 지나고 보니 더러는 알을 낳고 그것을 받아먹는 재미가 제법 쏠쏠하지만 그중에 애착이 가는 것은 바로 새벽이면 어김없이 울어대는 수탉이다. 옛날과는 달리 새벽이 아닌 한낮에 가끔 목청을 뽑아 울 때는 의혹스럽다가도 '그래 수탉도 세월의 힐링으로 인하여 변화하는 삶을 살아가기 위해 시도 때도 없이 우는가 보다'라고 생각한다.

수탉을 보면 한 집안을 이끌어가는 가장의 모습이 떠오른다. 어릴 적 아침마다 우리 등교 시간에 늦어질까 봐 잠을 깨우시던 아버지가 겹쳐 생각난다. 가끔 귀가시간이 늦어지면 또 동구 밖에서 기다리고 계셨다. 우리 집 수탉이, 달걀을 꺼내러 갈 때마다 암탉을 보호나 하듯 망을 보고 있는 것 역시 식구들 다칠까 봐 노심초사하는 우리 아버지의 모습과 다르지 않다. 수탉이 있어 유정란을 먹을 수 있고 암탉들은 보호를 받는 것처럼 아버지가 있어 어머니와 우리 남매들은 울타리 안에서 아무런 걱정 없이 살 수 있었다.

특별히 정월 초하룻날을 닭의 날이라 한 것도 보면 새롭게 시작하는 기상으로 보아 틀림이 없다. 그 위에 수탉은 또 풍채가 당당한 게 특징이다. 굽은 데 없이 쭉 곧은 등은 장수의 뒤태와 흡사하고 그래서 장닭이라고도 일컬어 왔다.

붉은 벼슬은 함부로 범접하지 못할 위엄을 갖추고 있는데 바로 그 옛날 관직에 나아가던 벼슬을 뜻한다면 돈을 벌어 한 가족을 부양하는 가장의 이미지에 어긋남 없이 딱 맞는다. 먹이를 발견할 때 가족을 먼저 불러 먹이고 자신은 다른 먹이를 찾아나서는 것만 봐도 생계를 책임지는 가장이라기에 손색이 없다.

가끔 수탉이 싸울 때는 생존경쟁을 보는 것처럼 치열하다. 대부분 암탉을 놓고 벌이는 싸움이나 적을 만날 때 역시 필사적으로 싸우는데 바로 그것부터가 처자를 보호하는 등 온 가족의 생계를 떠안고 노심초사하는 기질의 시초가 된다. 어떻게 보면 과하다 싶을 지경이어도 치열한 경쟁의식이 아니면 가장으로서 가족들의 생계를 책임질 수가 없는 것이다.

수탉은 그처럼 한 집안을 이끌어가는 가장의 상징적 동물인데 가끔 이와 어긋난 상황이 발생하기도 한다. 누구나 아는 암탉이 울면 집안이 망한다는 빈계지신이란 말 때문이다. 특별히 시간을 알리는 것은 수탉인데 이따금 암탉이 울기도 하는가 보다. 지금은 혹 여자들의 음성이 높아지는 시기라 해서 그렇다 해도 옛날부터 그런 속담이 있는 걸 보면 시대를 막론하고 비일비재했던 일이지 싶다.

시대에 뒤떨어진 말을 하자는 건 아니다. 그보다는 자기 맡은

역할을 분명히 할, 부작용이 없다는 뜻으로 받아들여야 하지 않을까. 물론 남편이 건강이 좋지 않거나 피치 못할 이유로 여자가 생활 전선에 나설 수도 있으나 설혹 그렇더라도 여자의 목소리가 높아지는 건 무리가 따른다는 걸 의미한다. 요즈음은 그게 아니라도 서로가 맞벌이를 하는 세대이기는 하나 원래의 역할에 더 충실해야 하는 자세는 그만치 중요하다고 본다.

어쨌거나 닭장에서 세상의 축소판을 보는 건 늘 신선한 느낌이다. 닭장을 든든히 지켜주는 장수 닭, 수탉이 있고 그 위에 알을 낳고 병아리를 까서 키우는 암탉이 있다는 것은 자기 일에 충실할 때 무리 없이 돌아가는 세상을 뜻한다.

결혼에 실패하고 이혼을 하는 것은 바로 이 각자의 역할을 등한시하다가 생긴 여파로 볼 수 있다. 빈계지신은 즉 모든 여자들이 꺼려하는 말이기는 해도 속 깊이 담긴 뜻을 헤아리다 보면 무조건 질책하는 것 같은 뉘앙스는 덜어진다.

어느덧 한나절이다. 닭장을 열고 모이를 뿌려 주니 수탉이 예의 또 식구를 불러 모으는 듯 구구거린다. 그와 함께 구석의 닭들이 몰려 와 모이를 주워 먹는다. 화목한 가정을 보는 듯 마음이 따스해진다. 해가 지고 어두워지기라도 하면 서로 깃을 품은 채 잠드는 모습이 떠오른다. 우리 집에서 가장 포근하고 정겨운

닭장의 온기가 살아나는 걸 보면서 나 또한 가족의 소중함을 느끼며 따스한 집안 분위기를 만들어가고 싶은 충동에 사로잡히는 하루를 느낀다.

아버지가 있는 풍경

눈이 내렸다. 어젯밤부터 내리기 시작한 게 설풍(雪風)으로 이어지면서 얼굴에 와 닿는 바람이 제법 차디찬 느낌이다. 오늘처럼 눈이 하얗게 내리는 날이면 세상에 계시지 않는 아버지 생각이 난다. 바로 아버지가 세상을 떠나시던 날 무릎이 푹푹 빠지도록 눈이 쌓였던 생각에 더욱 그때의 어려웠던 모습이 눈에 아물거린다.

아버지는 눈 내리는 날을 좋아하셨다. 우리 세대의 아버지로서는 드물게 회사 생활을 하셨던 아버지는 우리 딸들과도 눈높이가 비슷한 쉽게 말하면 사는 데 찌들지 않은 분이었다. 큰딸이었던 내게 교복을 입혀 놓고 바라보시는 것을 무척이나 행복해하셨다.

언젠가 아버지가 모처럼 양복을 맞추실 때의 일이다. 지금은 기성복도 잘 나오기 때문에 양복을 맞추는 일이 많지 않으나 그 때는 결혼식 등 특별한 일이 생기면 양복을 맞추는 일이 흔했다. 그렇게 양복을 맞추다 보면 완성하기 전에 한 번 입어보고 치수를 점검하는 게 보통이고 바로 그날 아버지와 읍내에 있는 학교 교문 앞에서 만났다. 아버지는 그날 오후 내가 다니던 학교 앞에 자전거를 세워 놓고 기다리고 계셨다. 아버지가 양복을 맞추신 그 집이 교문 맞은편에 있었던 것이다.

아버지는 모처럼 나를 태우고 함께 집으로 가실 참이었다. 오늘은 양복 때문에 그렇다 쳐도 여느 때도 그렇게 종종 아버지의 자전거를 타고 집으로 돌아간 일이 많았다. 그럴 때마다 치마를 입고 어떻게 자전거에 걸터앉을 수 있을까 하고 망설였으나 아버지는 금방 알아차리신 듯 짐칸에 당신의 윗옷을 깔아 주면서 앉으라고 하신다.

결국 앉기는 했지만 지금 같은 신작로가 아니라 얼마나 불편한지 몰랐다. 비포장도로인 것까지는 괜찮으나 자갈밭이라도 나오면 차라리 걷는 게 나을 정도라서 나는 아버지의 등을 잡고 오는 내내 투덜거렸다. 그렇게 별스러운 딸이었건만 단지 자식이라는 것 때문에 귀엽게 받아들이셨을 아버지가 눈 내리는 오늘 아침 같은 날이면 유독 그리워진다.

다들 살기 어려웠다는 그 시절, 자전거에 앉아 집으로 올 수 있는 호사를 누리면서도 감사할 줄 모르는 여식이었다. 아침이면 삽짝 밖에서 딸의 교복 입고 가는 모습을 집 모퉁이를 지날 때까지 보아야 들어가시곤 하셨다. 봄이면 색깔 있는 예쁜 나비를 먼저 보라고 하시는 걸 보면 심성 또한 고우셨던 분이다. 흰나비를 먼저 보면 나쁜 일이 생긴다고 하셨다. 일부러 그리 할 수는 없으나 혹 딸의 눈에 오색나비 대신 흰나비가 먼저 눈에 띄면 어쩌나 하는 걱정 아닌 걱정을 일삼으셨던 아버지….

아버지는 우리 딸들에게 그리 자상하셨다. 교복바지를 다릴 때 줄을 꼿꼿하게 세워서 입어야 했던 그 시절 아버지는 바지를 늘 요 밑에 깔고 주무셨다. 혹 구겨질세라 몸을 반듯이 하고 주무시던 모습에서 예쁜 곳이라고는 없는 딸을 위해 넘치는 사랑을 받고 자란 게 그때의 나보다 훨씬 장성한 딸 앞에서 가끔 생각이 난다.

아버지는 술을 좋아하셨다. 갈보집(여자를 두는 술집)이라는 곳을 잘 드나들었다. 성격상 그런 집은 잘 가시지 않을 분인데 직장 동료와 갈 때는 어쩔 수 없으셨던가 보다. 마을과 가까이 있고 그 시절 그 주인도 모두가 이웃이었다. 지금은 시골이라 하여도 인정이 각박해서 서울의 아파트 같이 산다지만 그 시절에는 집안의 대소사도 피차 알고 지낼 정도로 인심이 후한 시절이었다.

그런 만큼 그 집의 자녀가 누구였다는 생각도 어렴풋이 스쳐 가는데 술만 드셨다 하면 그날의 계산을 모두 아버지 앞으로 그것도 봉급날에 준다고 외상으로 달아놓는 게 문제였다. 지금이야 카드가 흔해서 모든 것을 외상으로 구입하는 격이지만 그때로서는 이해하기 어려운 일이었다. 곤궁한 집도 아니고 내 어머니 역시 곡간에는 항아리마다 그득 채워야 직성이 풀리는 분인데도 그랬다.

의아해서 여쭈면 술값은 자투리가 남아야 된다고 덧붙이신다. 외상값이 있다는 구실로 계산을 치르고 나면 깨끗한데 다시 먹다 보면 여전히 외상값이 또 남게 되고 그게 바로 다음 번 술집에 가는 끈으로 이어졌었나 보다고 내 멋대로 추측을 하는 게 일이었다.

어머니는 또 아버지가 술집에 계실 때마다 내게 가보라고 하신다. 어떤 술자리든 딸이 가면 얼른 나오시는 기미를 눈치 채신 것 같다. 창호지 문으로 아버지를 확인한 다음 주인 아주머니께 "우리 아버지 여기 계시지요." 하면 내 목소리를 듣고 허둥지둥 나오시고는 곧 갈 테니 먼저 가라고 하셨으나 나는 그냥 문밖에 앉아 기다렸다.

엄마가 그리 하라고 시킨 것은 아니었지만 그러다 보면 기다리고 있는 딸이 안쓰러워 금방 나오시곤 했다. 여느 때 같으면 밤을 새워 잡수실 분이 기다리는 딸이 안쓰러워 아쉬움을 접고 금방 나오시는 게 딸 앞에서는 한없이 작아 보여 가끔 후회가 되고 한편 부끄러운 생각마저 든다.

평소 말씀이 없으시던 아버지도 큰딸을 유독 믿을 수 있는 자식으로 여기셨다. 별스럽게 까다로운 내게 그런 가정의 큰 직위를 주셨던 것이다. 아니 그것까지는 좋은데 이따금 손님이 오면 막걸리를 사러 가야 하는 게 불만이었다. 술심부름을 가야 되는 이웃집 가게 아들이 내 또래였고 그 애 보는데서 아버지가 월급 나오면 준다고 말하기가 정말 부끄럽고 창피하였다.

한 번은 심부름을 가다가 친구들과 노는 둘째 남동생을 보고 내 대신 심부름을 갔다 오라 하였다. 동생은 마음이 급했던지 가게에서 뛰어 나오다 지나가는 자전거에 부딪쳐 다섯 바늘이나 꿰매는 불상사가 일어났다. 지금도 흉터가 남아 동생을 볼 때마다 안쓰럽고 미안하면서도 그때가 생각나 웃음이 떠오르곤 하지만 얼른 동생에게 죄스러운 마음에 가슴을 쓸어내린다.

말을 듣지 않으면 너도 자식을 낳아보라던 말씀을 자주 하셨다. 모든 부모가 다 그랬겠지만 지금 어쩌다 우리 아이들이 말을 듣지 않을 때마다 그 생각이 나는 것은 나도 이미 부모 입장이 된

까닭으로 본다. 낳아서 키우고 속을 끓이지 않고서는 도무지 알 수 없는 게 부모의 마음이라는 걸 다시금 헤아리는 것이다. 사람이 살면서 후회되는 것은 만들지 말고 후회는 빨리 하는 것이 좋다고 하나 후회스러울지언정 부모에 대한 정이 남아 있다는 게 가끔은 애틋한 기억으로 마음을 훈훈하게 해 준다.

그나마 아버지에 대한 기억은 내가 둘째 딸을 막 낳아 이제 걸음마를 할 무렵까지다. 아버지는 오십 후반에 회갑도 맞지 못하고 세상을 떠나셨다. 이제 돌아가신 지 몇 십 년이 흐른 지금 아쉬운 거라면 외상 술심부름을 다닌 것처럼 아버지의 마지막을 외상으로 남겨 두지 못한 그것이다. 돌아보면 아버지께서 살 수 있는 능력도 건강도 외상이 있었다면 조금이라도 더 머물 수 있지 않았겠나 싶다. 그랬더라면 외상 빚을 갚기 위하여 그렇게 서둘러 떠나시지는 않았을 것을.

눈 쌓인 산허리에 문득 바람이 지나간다. 저기 먼 곳을 바라보는 마음이 세상에 계시지 않는 아버지에 대한 그리움이 부메랑 되어 돌아온다. 나도 아버지처럼 늙어 24년 간격으로 그 발자취를 밟을 것이지만 아버지의 삶을 돌아보는 마음이 딴에는 허전하다. 나도 그새 나이가 꽉 찼나 하는 감회에 잠기면서 눈 쌓이는 날에 클로즈업되는 아버지의 풍경화를 한 장 넘겨본다.

어부지리

꽁꽁 얼은 물 밑에 작은 물고기들이 즐비하게 노닐고 있다. 맑은 개울가에서의 내 모습이 비추어지듯이, 물고기들의 찬란한 빛에 넋을 잃고 바라본다. 이 작은 물고기들도 이 냇가에서 그것도 얼음 밑에서의 흐르는 물을 방패삼아 바삐게 움직이는 모습은 모든 자연과 나지막한 물 높이에서 생을 이어갈 수 있음에 잠깐 생각하건대 바로 너희들도 어부지리로 살고 있구나 하는 생각을 해 본다.

연약하리만치 뼈가 비치는 아주 작은 이 물고기로서 어느 물고기들과도 대결할 수 없을 것 같은데도 다만 물 주변의 깨끗함에서 엉뚱함이 아닌 자연스레 평화로움을 느끼는 것 같아 뿌듯

함마저 든다.

우리 인간에게도 줄 수 있는, 그리고 받을 수 있는 운명을 타고 났다고 한다. 모든 생식기에서 서로 부딪쳐 살아남는 자에게 탄생의 기쁨을 주듯이 또한 싸워서 이기는 것보다 자연스레 어부지리로 탄생의 환희를 맛보지 않나 싶다.

모든 것에 감사하고 자만이 겸손으로, 사라질 것들을 쫓는 삶이 영원하다는 글귀를 본 적이 있다. 참으로 깊이 있는 글귀를 보면서 문득 이렇게 탄생과 살아가는 삶 자체에도 어부지리가 있지 않나 싶다.

누구의 이해로 누구의 그늘로 지탱하여 주는 돌 사이에서도 물고기의 방패막이 되어 주듯 모든 살아가는 것들이 어부지리의 삶이라고 여겨질 때 다시 한 번 모든 것에 감사할 줄 아는 인간이고 싶다.

어릴 때, 지금 생각하면 흔히들 하는 말로 사춘기였지 싶다. 나는 왜 이렇게 먼 길을 걸어서 학교에 가야 하나, 왜 더 나은 생활을 못할까, 억지라도 더 나은 더 좋은 것에 매달려 추구하던 것이 지금에 와서는 어리석었다는 마음이 든다.

조금은 여유롭다고 보아야 하나 싶기도 하지만 그 누구보다도 겸손하신 부모님의 은덕과 가르침으로 지금에까지 아무 스스럼

없이 살아왔건만 왜 그다지도 왜소한 마음을 가졌었나를 다시 한 번 곱씹어 보는 하루였다.

나 자신 모든 것에, 자연과 그 누구의 삶을 어부지리로 살고 있는 것도 모른 채 나만의 존재감을 너무 부과시켜 원망과 시기로 살았지 생각할 때면 양심에 손을 얹어 타이르면서 어부지리의 삶에 대한 겸손을 철칙으로 삼아 보려 한다.

흘러내리는 폭포수가 서로 교차하면서 긴장감과 경관을 더 빛나게 하듯 우리 모든 인간에게도 부대끼는 가운데 소중한 것을 찾을 수 있는 능력 즉 어부지리로서의 아름다운 역할을 충분히 할 수 있다고 본다.

어부지리란 두 사람이 다툴 경우 중간에서 누군가는 이득을 보게 마련이고 그 뜻이 드러나는 것을 말한다. 결혼을 하여 살면서 이렇게 늘 말없이 견디면서도 오히려 치이는 생활에서 이제는 세월이 흐른 후에야 옛말을 할 수 있게 되었다.

어느 때 민물조개 한 마리가 볕을 쬐고 있는데 황새가 다가와 조갯살을 쪼아 먹으려 했다. 깜짝 놀란 조개는 황새의 주둥이를 꽉 잡고 놓지 않았다. 서로 그렇게 버티고 있는데 마침 지나가던 어부가 웬 횡재냐고 하면서 둘을 한꺼번에 잡아갔다.

양보하지 않고 고집을 피우면 전혀 관계없는 제3자가 이익을 챙긴다. 동업자끼리 거의 다 된 일을 가지고 내분이 일면 경쟁 업체가 어부지리를 얻기도 한다.

실제 이런 일은 흔하지만 두 사람 사이가 좋을 때 역시 선의의 피해자가 생기기도 한다. 고래 싸움에 새우 등 터지는 격으로 본의 아닌 싸움에 끼어들어 피해를 본다면 불평이나 할 수 있겠지만 그럴 때는 속으로 끙끙 앓게 마련이다. 어떤 싸움에 누군가는 이익을 얻는가 하면 반대로 사이가 좋을 때는 오히려 피해의식에 사로잡히기도 할 테니 참으로 묘한 기분이다.

남편은 둘째 아들이었다. 위로 시숙과 밑으로 시동생이 있는데, 내 보기에 남편은 늘 치이는 입장이었다. 일례로 어머님만 해도 시숙은 맏아들이라 어려워하고 시동생은 또 막내라서 결혼을 한 그때까지도 어릴 때처럼 살갑게 대하는 기색이 역력했다. 어머님은 좋게 말하면 허물없이 즉 임의롭게 대한다고 할 것이나 나쁘게 표현하면 만만하게 대하는 게 일이고 결국 중간에서 본의 아닌 곤욕을 치르는 셈이다.

하지만 나로서는 그 여파가 우리 애들에게까지 미치는 게 문제였다. 남편이 그런 대우를 받는 것은 또 당신 아들이라 그러려니 하고 이해를 했지만 우리 애들은 그럴 이유가 없지 않은가. 말은 못해도 어머님은 자식에 대한 예우가 있어야 된다는 생각에 마음이 늘 편치 못한 건 사실이었다. 서로 얽히는 관계 특히나 집안에서는 그것이 더욱 미묘한 감정으로 작용한다는 것을 안 기분이라고나 할지.

어머니의 그런 처세는 동서지간에도 적지 않은 어부지리의 역할로 분위기를 이끌어가기도 하였다. 이제는 돌아가신 지가 꽤나 오래 되었고 더는 불편한 감정에 시달리지는 않는 대신 그때를 돌아보는 마음이 자못 착잡하다. 아니 어머니가 돌아가시고 얼마 후 나는 그런 날들을 회상하며 하염없이 살아가는 이치에 마음 아파하였다.

처마 밑 낙수소리

봄의 전령이 들린다. 처마 밑을 서성이며 느껴 오는 소리에 귀 기울인다. 들에는 벌써 초록이 움트고 농사를 준비하는 사람들이 곳곳에서 분주하다. 시골에 묻혀 살리라 마음먹고 실행에 옮긴 직후부터 이제까지 농사짓는 분들은 어김없이 철이 되면 으레 농사일을 해야 되는 것으로 진실 된 삶에 순응하는 모습에서 언제나 고개가 숙여진다.

문득 낙숫물소리가 들려 왔다. 밤새 봄비가 내리고 아침이 밝아온 지금 그치면서 낙숫물이 음악 같은 여운을 주면서 떨어지는 중이다. 음악 같은 여운을 들으며 나 어릴 때 시골에서 살았다 하여도 직장생활을 하셨던 아버지 슬하에서 부지런함이란 터

득할 여지없이 살아온 터라 이웃들의 모습에서 한없는 존경의 마음이 든다.

지금 이렇게 처마 밑 낙수소리가 은은한 추억으로 들려올 즈음에는 더욱 옛 생각에 젖어 든다. 낙숫물이 떨어지면 줄을 맞춰 골 자리를 만들던 일이 생각난다. 그 자리를 바라보며 서서 햇빛에 눈부심을 느끼면서 겨울에 얼었던 손을 비비곤 하였다. 어린 마음에도 맑은 하늘을 한없이 쳐다보았다. 눈앞에 반짝이는 햇빛에 매료될 때는 감사한 마음이 들 뿐 무엇 하나 부럽지 않았다.

햇볕에 힘없이 떨어지는 것이 아닌 당당한 모습에서 그 낙수소리마저도 아름다운 놀이가 될 수 있는 걸 그때 알았다. 그 소리마저도 규칙적이다가 또는 불협화음이나 되는 듯 엇박자로 들리면 음의 장단이 그려지곤 해서 소박한 음악의 진수를 배우기도 했다.

처마 끝에서 떨어지는 낙숫물이 골을 만들 때는 얼마나 큰 힘인지를 느끼기도 한다. 낙숫물이 댓돌을 뚫는다고 하듯 우리의 작은 힘도 끈기만 있으면 상상도 못할 힘으로 작용할 수 있다는 것을. 게다가 그 저력은 살 동안의 버팀목으로 이어지고 더 나아가 성공이라는 하나의 기둥으로 자리매김이 된다.

한 번은 봄방학 때 이모가 사시는 도계(삼척)에 갔었다. 방학 내내 이종언니와 한 방을 쓰게 되었는데, 석탄이 많이 나오는 지역이라 연탄을 아낌없이 지폈던 것 같다. 아궁이에 장작불을 더 지펴 가면서 아래 윗목 없이 뜨거운 것이 얼었던 몸을 녹작지근하게 만들어 깊은 잠에 취할 수 있었다.

아침에 일어나면 언니와 처마 밑에서 놀이에 빠졌다. 아마도 지난밤에는 몹시도 추웠는지 지붕의 골마다 고드름이 주렁주렁 달렸다. 얼마 후 나는 이상한 것을 발견했다. 한쪽에서는 시끄러울 정도로 녹아떨어지는데 한편에서는 여전히 고드름인 채로 남아 있었으니 왜 그럴 수밖에 없었나를 지금 생각해보면 겨울에도 온도 조절이 가능했던 것이라고 생각이 든다.

처마 끝 고드름이 죄다 녹아떨어지면 아무리 건조한 겨울이라 해도 갑작스러운 습기는 문제가 될 수 있다. 매달려 있을 때와 떨어질 때의 차이, 즉 기온의 변화가 맞물릴 동안 형성되는 차가운 기류에 의해 봄방학이 시작되는 2월 말경의 어설픈 날씨가 완화된다.

우리도 살면서 그런 시점을 맞이할 때가 오지 않을까. 봉우리처럼 생긴 고드름에서 살 동안의 오르막길과 내리막길을 연상한 적이 있었다. 고드름의 모양은 바로 그 두 가지 양상이었기 때문이다. 끝이 뾰족해서 녹을 때는 가속이 붙는 삶의 내리막길을 보는 것 같다.

아울러 그게 즉 녹은 물이 다시 얼고 끝이 둥글어지면서 고드름으로 매달려 있을 때와는 판이한 모습을 연출한다. 나 또한 60이 넘게 살다 보니 이제는 고드름에서 물이 떨어지는 과정에 해당되는 듯 감회가 새로웠으나 그 물이 다시 부풀어 작은 산을 만든다. 게다가 여름 같은 경우에는 댓돌을 뚫는다는 점에서 알지 못할 힘을 얻고 잠깐 소망에 들떠 즐거운 시간을 보냈던 것에 대한 감사함을 드러내고 싶다.

언제나 오늘처럼

오늘도 일찍 집을 나선다. 겨울의 끝자락에서 이제 막 스며드는 봄기운을 본다. 절기상으로는 사계의 첫 번째 순서로 봄을 알리는 신호다. 운전대를 잡고 차창 밖을 바라보는 시야에 아지랑이가 피어오르는 듯하다.

날마다 반복되는 일상에서도 오늘처럼 활기를 느낄 때는 아주 작은 행복에 젖는다. 단조로운 속에서도 나름대로 의미를 찾는 것 때문이다. 언제나 이처럼 끊임없이 계속하여 계절의 가고 오는 것을 느끼는 마음은 늦은 가을바람에서 해질녘의 살랑대는 바람소리에 순박한 소녀의 모습으로 돌아가서 한껏 젖어들 만큼이나 눈가를 적실 때가 있는가 하면 봄의 그 노곤함이 아침이면 생기가 솟아오르는 바로 그 풍요로움이다.

시골의 밭이랑 스피커에서 흘러나오는 음악소리는 봄을 알리는 전령사다. 모두가 일어나 과수나 전지를 하는 모습 때문이다. 나뭇가지에 오르거나 사다리에 의지하며 가위질 소리와 결합한 힘 있는 움직임에 모든 작물들을 일깨우는 듯하다. 어서 일어나 올 한 해에도 풍성함을 기대 해 보자고 하는 속삭임인 것을.

사계에서 시작의 초점이라는 것은 모든 기운을 온몸으로 움직이게 하는 봄이라는 매개체가 아닌가. 사계절의 첫째 철 입춘부터 입하까지의 동안에서 겨울이 가고 꽃 피울 수 있는 한창 때를 비유하는 희망찬 앞날을 말한다고 한다. 뚜렷한 그에 맞는 제 구실을 할 수 있을 때야말로 시작의 중요함에서의 마음가짐을 활기차게 보내야 끝이 보일 때 순조로움이 다가올 것 같다.

나는 언제나 오늘처럼 작은 가정 안에 살면서 크게는 나만의 연구실이자 가족의 울타리가 되어 주려고 똑같은 일을 반복하여 왔다. 다만 바뀌었다면 사위 둘과 손자들이 생기면서 조금은 나의 독재가 아닌 다른 가정환경으로 바뀌어 갈 수 있다는 것이 새로운 환경임을 느껴본다.

하지만 내 마음은 여전히 자식들과 남편을 보살피고 존중할 의무를 생각한다. 일상의 리듬이 깨지면 어떻게 될지를 상상해 본다. 아침에 눈을 뜨고 하루 일을 마친 뒤 저녁이면 휴식을 취하는 판에 박은 일상이나 그게 곧 평안의 근간이 되는 것을 딱히 이것이야 할 게 없는 자잘한 일과야말로 별다른 일 없이 무탈하다는 증거일 테니까.

요즈음 들어 행복이란 별 게 아니라는 걸 알았다. 한적한 시골 토담집에서 좋아하는 글 쓰고 지내는 날들이 내게는 무척 소중하다. 남에게 보일 정도로 잘 쓰는 것도 아니고 누군가 인정해 주는 실력은 더더욱 아니지만 소박한 시골 풍경을 소재로 글을 쓰면서 찌든 마음을 정화하는 행복이야말로 내 삶의 활력소이다.

마음먹은 대로 되지 않을 때도 조바심치지는 않기로 했다. 겨울을 깨고 나온 봄도 오랜 날을 기다린 후 찾아 왔다. 무슨 일이든 때가 차고 시기가 되어야 이루어지는 것을 초로에 접어든 지금에야 어렴풋이 깨우친 셈이다.

지금 내가 느끼는 봄이라는 계절의 노곤함도 단조로운 리듬의 하나로 볼 수밖에 없다. 솔직히 내게 있어 예순 일곱 번이나 찾아온 봄이다. 아침에 눈을 뜨고 저녁에 잠드는 일은 날마다 반복되는 일이되 계절의 한살이는 일 년을 주기로 찾아온다. 매일 매일 규칙적으로 주어지는 하루에서 우리 각자의 삶을 이어가듯 절기에 맞춰 돌아가는 계절의 순환과정 역시도 우리 삶의 연결

고리가 되는 것을.

모든 것은 똑같이 반복되곤 하였다. 그래서 삶에 대한 의미를 망각하게 되지만 그럴수록 단조로운 일상을 소중히 해야겠다. 산은 오를수록 높다고 한다. 늙는 것도 갈수록 숨 쉴 수 있음을 한층 아름답게 승화할 수 있어야 할 텐데 젊어서 미처 못 했다 후회 말고 이제 세월의 흐름을 공손히 받아들일 줄 아는 지혜를 되짚어 가며 살아가야 되지 싶다.

멀리 아지랑이가 보인다. 봄이면 해마다 보는 거지만 그 또한 지난해의 그것은 아니라는 생각에 일순 무릎을 쳤다. 곧 이어 오늘 하루도 저물겠지만 저 아지랑이가 지난해의 그것은 아니듯 날마다 찾아오는 하루 역시 똑같은 속에서도 어제의 그게 아니라는 것이다.

하루든 일 년이든 똑같이 주어지는 가운데 변화를 주는 건 우리 몫이다. 매일 밥을 먹으면서도 무슨 반찬을 먹을까 걱정하는 건 때로 무의미하지만 우리 그렇다면 줄곧 살면서도 어떻게 살아야 하는지에 대한 고심을 할 필요가 없다. 무익한 줄 알면서 복잡하게 생각하는 일이야말로 극히 단조로울 수 있는 삶의 윤활유가 된다. 언제나 오늘처럼 조촐한 보람을 느끼는 날이기를 소망하여 본다.

연리지(連理枝)

아침 식사를 끝낸 뒤 무심코 밖으로 나왔다.

목적도 없이 무엇을 할까도 없이 나지막한 산을 바라보며 동네 어귀를 돌아섰다. 가끔은 수월한 산을 열심히 오르지만 구름에 가려 맑은 하늘을 볼 수 없을 때가 있어 안타까울 때가 있는가 하면 구름에 가려진 모습에서 고즈넉함을 만끽할 때도 있다.

살아가면서 억세 같은 세태도 겪어가며 살기도 하지만 너울대는 억세 군락을 지나노라면 마음마저 경쾌함을 느낄 수 있다. 지금 이 주변에는 군락이라기보다 따뜻하게 포근히 보이는 그저 한 마을이 옹기종기 사이좋게 지내는 모습과도 같은 작은 군락의 억새를 보며 마음마저 평온함을 느낀다.

어쩌다 소슬바람에서 외로워 해 보았고 고집이 공허함에 젖어 보기도 하였다. 한참을 자연의 분위기에 젖어 오르다보니 참나무 연리지를 만난다. 가지가 맞닿아 결이 통하여 높은 하늘을 향하여 있으면서 살포시 붙어 숨 죽여 사랑을 속삭이듯 하는 모습에 정겨움마저 든다.

그 연리지에 빠져 뒤돌아 나오며 너무 솔직한 내 성격 탓에 후회하였던 일을 떠올린다. 언젠가 한 민간단체에서 실시하는 설문지를 작성한 적이 있다. 안면 있는 사람이 무명으로 조사를 한다기에 별다른 생각 없이 작성해 주었는데 불유쾌한 일로 번지고 말았던 것이다.

설문 조사의 내용은 '만약 옛날로 돌아간다면 결혼을 했겠는가'라는 것으로 나는 망설일 것도 없이 하지 않았을 거라고 체크를 했었다. '옛날로'라고 했으니 내 성격상 결혼은 하지 않았을까 하여 망설임 없이 체크한 것이 와전되어 남편과의 사이가 좋지 않아서인 것처럼 지인들에게 알려지고 만 것이다.

무기명으로 한 것이라 남에게 알려질 수는 없는 일이었다. 아울러 설문지를 조사한 사람으로서는 남에게 발설한 그 자체만으로도 책임을 추궁할 여지가 충분했다. 그런 만큼 가서 되알지게 따진다 해도 허물은 아니로되 그보다는 너무 솔직했던 자신을 돌아보며 반성했다는 게 솔직한 마음이다.

뒤늦게 설문지 작성에 응해 준 걸 후회한다는 뜻은 아니더라도 부부 사이도 나쁜 게 아니라고 남들에게 해명하는 것도 남우세스러운 일이고 단지 앞으로는 혹여 사생활에 문제가 될 설문지 작성은 지양해야겠다고 마음을 굳혔다.

더불어 그간의 결혼생활을 돌아본 것도 딴에는 나쁘지 않은 일이었다. 뚜렷하게 내세울 것도 없이 자매를 키워 성혼시키고 뒤늦게 고물고물한 손자들 크는 재미로 사는 극히 평범한 삶이었지만 딴에는 쉽지 않은 부분도 많았다.

남편은 무엇보다 나약한 성격이었다. 다툼이 있을 때도 맞서서 절대 험한 소리를 하지 못한다. 물론 인간의 품성으로 볼 때 그보다 바람직한 일은 없겠지만 살아갈 때는 그 이상은 깨질 수밖에 없다. 결국 그에 대신할 악역은 내가 맡아야 했고 그로 인해 남모를 고충도 많았지만 남편의 그 품성 때문에 우리 아이들 또한 소위 말하는 제법 음전한 성격으로 꼴 지워졌다고 생각하면 나쁘다고 딱히 다 나쁜 것만은 아니라는 점을 알 수 있다.

그렇더라도 설문지를 작성할 때는 보다 신중했어야 된다는 게 새삼스럽다. 아니 나처럼 거리낌 없이 다시 옛날이라고 했을 때 결혼을 하지 않겠다는 대답이 곧장 나온다고 해서 부부 사이가 나쁜 것으로 오인하는 그 자체가 문제라고 본다. 이를테면 즉 진짜 사이가 나쁘다면 애당초 설문지에 응하지도 않았을 것이기 때문이다. 결혼의 여부를 놓고 고심할 정도라면 그나마 애정이 남아 있다는 의미로 생각할 수 있지 않을까.

기억하는 것조차 싫은, 또한 생각하는 것도 부끄러울 테니 말이 필요 없다고 여겨진다. 이렇게 나오면 나 자신 결혼에 대해 낙관적이었다고 비칠 수 있으나 그냥 습관처럼 살아왔다는 게 타당할 것이다.

나는 즉 눈에 띌 정도로 금슬이 좋게 살지는 않았으나 둘이서 똑같이 한 곳만 바라보고 살아 왔다. 남편 역시 특별히 자상하고 유다른 건 없어도 묵묵히 자기 할 일만 고수하며 가정을 지켜 온 사람이고 그런 만큼 뚜렷이 사이가 나쁘거나 좋다고 할 게 아닌 그저 묵묵히 살아왔을 뿐이다.

물론 남편의 울타리 안에서 복종하며 조신하게 살았다고 생각하는 건 아니지만 아내로서 남편에 대한 내조는 나름대로 열심히 해 왔다고 자부할 수 있다. 남보다 더 좋은 환경을 갈구하며 근검절약도 하였고 그로 인한 싸움도 없다고는 못할 것이다.

이는 뭐 우리뿐이 아닌 모든 가정에 해당되는 일이고 그로써 '만약에'라고 했을 때 다시는 결혼하지 않겠다는 말이 나오는 건 극히 자연스러운 일이거늘 그것을 빌미로 부부 사이 운운 하는 건 아무래도 부자연스럽지 싶다.

이를테면 너나없이 그렇게 살아온 탓에 대부분 그런 마음이었으련만 단지 남이 볼 수 있는 설문지라는 의식 때문에 그 마음을 숨긴다는 건 얼마나 모순인가. 그것을 의식한다면 그 자체가 오히려 애정의 결핍을 나타내는 결과가 될 뿐이다.

나처럼 솔직하게 쓰는 것을 괜찮다는 게 아니라 그렇지 않으면서도 더 심각한 우여곡절을 겪는 가정이 많지 않을까. 허구한 날 싸우는 부부가 오히려 평생을 가는 반면 겉으로 아주 금슬 좋은 부부가 어느 날 돌연 이혼하고 돌아서는 경우가 뜻밖에 많기 때문이다.

무엇보다 우리 부부는 사랑이니 애정이니 하는 것에 대해 서로 무덤덤하게 살았다. 남들처럼 무슨 기념일을 챙기며 살아온 것도 아니지만 나는 그것을 일기장에처럼 꼭 나를 명시하는 것과 같다고 생각했다. 가정이라는 것부터가 애정을 주춧돌로 하여 세워진 공간이련만 애정이 없고 사랑이 없다고 투정하는 건 내가 쓰는 것을 전제로 하는 일기에 나를 명시하지 않았다고 타박하는 것과 다름없다.

잘 살았다고는 할 수 없지만 남편과 자식의 안위(安危)를 걱정하며 지내온 것을 충분히 자부하기 때문에 후회는 않는다. 다만 나를 더 지혜롭고 번듯하게 일으키는 지식이 부족함을 늘 유념해야겠다.

이제 가정을 위해 그만치 열과 성을 다해 온 것 같이 남은 날은 나의 정신적 영역을 위해 살찌우는 날들이고 싶다. 그러다 보면 마음이 넉넉해져서 집안에 보다 신경을 쓰게 되고 그게 곧 온전한 가정을 위한 초석이 될 것으로 믿는다.

오르고자 한다면

모처럼 산에 올랐다. 엊그제 문예지 원고를 청탁 받아 며칠간 작품에 몰두한 끝에 오늘 마감해서 보냈다. 그러고 나면 긴장이 풀리고 기분을 전환하기 위해 뒷산에 오르는 것이다.

새삼스러운 말로 글을 쓰는 게 무척이나 힘들다. 멋모르고 시작한 것과는 달리 갈수록 어렵다 보니 생각이 많다. 세상 쉬운 게 어디 있을까마는 더욱 까다로운 게 문학이라면 당연한 일이었다. 하기야 그래서 한 작품 한 작품 완성할 때마다 남다른 성취감에 빠지는 것도 나로서는 커다란 보람이었으니까.

무심코 오르다 보니 어느새 산중턱이다. 야트막한 산이지만 가파른 곳이 많아 쉽지는 않은 코스다. 오르기 힘들다는 산에 비하면 산이라고 할 것도 없으나, 이렇다 할 장비 없이 오르다 보니 가끔 힘들어질 때도 있다. 세상에는 얼마나 높은 산이 많았던가. 그러면서도 끝내 정복하는 사람이 등장하는 것 또한 신기하다. 인간의 의지는 살면서 강해지는 대신 산은 높아지지 않는다.

그렇지만 어려움도 많은 건 일단 산소의 부족과 급변하는 날씨다. 강한 바람과 폭설 때문에 웬만한 베테랑이 아니고서는 몸의 기능이 엉망으로 되지만 극복하는 게 등산의 묘리(妙理)라면 악조건은 극복하는 데 의미가 있을 것이다. 산이 암만 높아도 하늘 아래 솟아 있거니와 높은 산을 오르기보다는 감히 허물고자 했던 이야기가 생각난다.

중국의 북산에 우공이라는 70 노인이 살았다. 그의 집 앞에는 태행산과 왕옥산이 있었는데 노인은 다니기가 불편하다면서 가족들과 의논한 끝에 산을 깎아내리고자 했다. 이튿날부터 아들과 손자와 돌을 깨고 흙을 파헤치기 시작하자 이웃집 과부의 아들까지 나서서 일을 거들었다.

그걸 본 지수라는 젊은이가 여생도 많이 남지 않은 터에 쓸데없는 일을 한다고 비난하자 우공은 "내 비록 오래 살지 못하겠지만 내가 죽으면 아들이 다음에는 손자가 있으니 자자손손 이어가다 보면 언젠가는 평평해질 것이오."라고 말했다.

이쯤 되자 놀란 것은 두 산을 지키는 산신령이었다. 자칫하면 집을 잃게 될 판국이었던 것이다. 그래 둘은 천제에게 자기들 산을 옮겨줄 것을 청하였다. 그들의 부탁이 아니어도 우공의 우직한 마음에 감동된 천제는 즉시 산을 업어 하나는 산동에 그리고 남은 하나는 옹남에 옮겨 놓았다.

인간의 의지는 정말 무서운 것을 어떠한 일에도 굽히지 않는 불요불굴의 정신이야말로 불가능에 도전하는 원동력이 된다. 모든 일의 성과는 난관을 이기고 헤쳐 가는 정신에 좌우된다는 것을 유념한다면 나름대로의 경지는 이루게 된다. 산이 높은 게 아니라 우리들 의지가 문제라면 나도 글을 쓰면서 가끔 나태하게 굴었던 기억이 난다.

어렵다고만 했을 뿐 공부는 게을리 하고 습작도 등한시해왔다. 세상 모든 일이 그런 것처럼 노력한 만큼 나오는 것을 잊고 글이 되지 않는다고만 투정했지 않은가. 소질을 타고난 사람도 몇 배 더한 노력을 기울이는 걸 보면 나는 글 쓰는 일을 너무 쉽게만 생각했다. 어릴 때부터 관심이 있었던 것을 보면 적성에 맞기는 했는데 노력이 부족했던 것이다.

뭔가 되지 않는다면 자기가 기울인 열정 문제라는 걸 유념해야 하거늘 세상에는 어려운 일보다 하지 않는 일이 더 많다는 것을 미처 깨닫지 못하는 미련함을 말이다. 특별히 예삿일도 아닌 글 쓰는 일이다. 남보다 몇 배 더 한 공을 들이고 정성을 쏟지 않고는 소위 말하는 감동적인 글이 될 수 없다. 그만치 아파야 하고 고민하는 가운데 원하는 경지를 이를 수 있음을 새삼 깨우친다.

인동 넝쿨

어스름한 첫새벽, 오늘도 습관적으로 뒤척이다 보니 그새 동창이 밝았다. 초저녁에 잠이 들었다 싶으면 여지없이 새벽에 눈이 떠진다. 밝아 오려면 조금 있어야 될 듯싶은데 뒤척이기를 거듭하다 골방으로 가서 등을 기대고 앉았다. 책을 펼치고 몇 페이지를 넘겼을까, 창밖으로 안개가 뿌옇게 끼었다.

장마철에 접어들면서 국지성 비가 유난히 자주 오락가락 하는 동안 피해도 많았다. 다행히 우리네 마을에는 큰 비 피해는 없는 듯싶다. 잠시 밖을 보는 동안 시야에서는 담장을 타고 올라가게 만든 인동 넝쿨이 보인다. 노랗다고 하기에는 희미하고 미색이라야 괜찮을 꽃이 선명하게 띠면서 마음이 차분해진다.

지난 해, 항아리 사이로 넝쿨지어 올라가는 것이 좋아서 심어 둔 거라 더욱 친근감이 든다. 인동 꽃은 주변에서 흔히 볼 수 있는 인동과의 낙엽 활엽관목으로 산기슭에서 자라며 봄에 백색에서 황색으로 변하는 꽃이 상생하며 장과는 가을에 검게 익고 잎은 차대용으로 쓴다.

특별히 한방에서는 '인동꽃'을 '금은화'라 하여 약재로 쓰고 있다. 처음 필 때는 흰색이다가 며칠 지나면 노란색으로 바뀌는 데서 그런 이름이 붙여진 것으로 보인다. 흰 꽃과 노란 꽃이 함께 피는 것처럼 보이면서 야릇한 신비감을 주는 것 때문이었을 것이다. 그 위에 약성이 뛰어나고 뿌리와 줄기 잎 꽃까지 다 약으로 쓸 수 있다. 꽃은 송이가 벌어지기 전에 따서 그늘에 말려 쓰고 잎과 줄기는 잎이 붙은 채로 베어 햇볕에 말려 쓴다. 효능으로는 강한 항균작용과 열을 내리는 건 물론 독을 풀고 경맥을 잘 통하게 하며 여러 가지 염증질환에 탁월한 효과가 있고 창상과 종기 부스럼을 고치는가 하면 진통을 멎게 하는 작용도 있다. 겨우살이 넝쿨로서 산을 오르며 몇 뿌리 채취해 왔다.

한약재라고 알게 된 것은 얼마의 시간이 흐른 뒤였지만 무엇보다 특이한 것은 겨울에도 푸른 잎이다. 그 울창한 잎이 때로 곁에 있는 식물을 감고 올라갈 때는 누군가에게 피해를 주면서 자라는 것 같아 불쾌했지만 덩굴성 식물의 애환 또한 만만한 게 아님을 생각하지 않을 수 없다.

저만치 문득 소나무에 감겨 있는 담쟁이덩굴이 보였다. 누군가에게 기대면서 사는 모습이 스쳐갔다. 어릴 때는 그래서 덩굴식물을 싫어했으나 어쩌면 그게 사람 사는 모습일지도 모른다고 여기게 되었다.

소나무는 당연히 낙락장송의 그것처럼 혼자 의연한 나무였으나 가끔 덩굴식물이 감겨 있을 때의 운치도 제법이기는 했다. 아름드리 하늘을 향해 뻗어나간 것을 보면 늠름하기는 해도 너무나 의연해서 자못 위압적이었는데 낭창낭창 뻗어가는 덩굴식물이 기대 있을 때는 약간 부드러운 모습이고 함께 어우러져 사는 양상이 그려진다.

겨울에도 푸른 나무의 기백과 기대지 않으면 도무지 뻗어나갈 수 없는 약한 식물의 아우름을 본다. 강한 것에 기대 사는 것을 더부살이 정도로 간단히 치부할 것은 아니었다. 소나무가 강한 것은 그만치 약한 식물 때문이다.

세상에 어디 강한 것만 있던가. 아니 강한 것은 늘 혼자였으되 약한 것들은 약한 만치 함께 어울렸을 때의 저력을 보여 주는 것도 세상의 단면이다. 당연한 말로 소나무는 혼자 의연하되

어울리기는 어렵고 반면 약하기는 해도 착착 부니는 것을 삶의 방식으로 삼는 덩굴은 보다 친근한 느낌이다.

겨울이면 잎이 다 떨어지는 보통의 덩굴보다 한겨울인 지금까지도 푸른 인동넝쿨은 또 다른 모습이었다. 소독을 하지 않아도 벌레집 하나 없이 매끈하다. 그동안은 민폐다 싶어 뽑아내는 데만 열중했으나 지금 이렇듯 추운 속에서도 푸르게 남아 있는 것은 의지의 표상이라 할만치 어기차 보인다.

다시금 인동넝쿨을 바라본다. 본의 아니게 뽑아냈던 지난가을을 생각했다. 사랑의 향기와 내음으로 나와의 깊은 사랑의 대화를 나누기를 거듭하다 보면 서로의 인지상정이라 할 만치 정이 들어옴을 느낄 수 있다. 내가 좋아하면 타인에게도 좋겠지 싶어 좋아하는 분께도 인동 넝쿨을 만들어 드리고 싶다.

꽃을 싫어하는 사람은 없겠지만 인동꽃에서 받는 평화로움은 무엇으로 표현하기가 어려울 정도다. 자연에서 얻어지는 것은 꽃뿐 아니라 모든 나무가 자연의 힘으로 자란다는 그 점이다.

나에게 풍부한 사랑을 보내주고 온화한 모습을 주는 것 또한 꽃과 모든 자연에게 감사하는 마음이 간절하다. 이렇게 새벽 창가에 앉아 인동 넝쿨로 하여금 정스러운 아름다움에 푹 빠져본다.

직업윤리

가을볕이 따갑다. 밤과 낮의 일교차가 심하다. 찬바람이 스며들어 이불을 끌어 덮어야 되는 상황이다. 변덕스러운 것이 사람의 마음이다. 금방 더워 죽겠다고 하던 때가 엊그제인 것을 무에 그리 또 춥다고 잡아당기는 손에 힘이 들어간다. 언제나 자신에게 사람이면 마음과 행동을 겸손히 하는 것을 늘 인지해보면서 그마저 행하지 못하는 것에 스스로 자극을 주어본다.

한 번은 인감증명을 떼기 위해 읍사무소에 들렀다. 월요일이라 그런지 많은 사람들이 붐비고 있다. 그렇게 기다리던 중, 내 앞에 나이 지긋한 분이 직원의 말을 잘 알아듣지 못해 쩔쩔매고 있었다. 인감증명을 떼려면 몇 가지 확인할 게 있어 그것을 소정의 양식대로 써야 하는데 그것을 제대로 하지 못해 시간이 오래 걸렸다.

한참 기다리다 보니 짜증이 나기 시작했다. 군청에도 다녀와야 되는데 20분 이상 지체되니 그럴 수밖에 없다. 하지만 그 젊은 직원은 얼굴 한 번 찡그리지 않는다. 업무를 보다 보면 그런 사람이 하나 둘 아니게 나오련만 계속 저렇게 공손한 태도로 일관할 테니 바쁜 것도 잊은 채 잠깐 마음이 훈훈해 온다.

요즈음 많이들 직업윤리의 척박함을 탓하는 목소리가 귓가를 울린다. 하지만, 오늘 같이 이런 참다운 직업윤리를 감정 없이 하는 모습에서 질타하는 목소리에 일침을 놓고 싶다. 생계를 유지하기 위하여 공직생활을 하는 거지만 공무원으로서의 자질은 그래야 된다고 생각했다.

일정한 기간 계속하여 종사하는 목적도 있겠지만 사람으로서 마땅히 행하거나 지켜야 할 도리와 규범을 태도로서 보여 주는 것에 몇 번이고 쳐다보았건만 어쩌면 그렇게도 최선을 다하는지 볼수록 어기찬 기분이다.

오래전 청소부 아들을 둔 분이 있었다. 청소부도 공무원에 속하는지 잘 모르겠으나 말단이라 그렇지 공무원은 맞을 것이다. 내가 보기에 그분의 아들은 하찮을 수도 있는 청소부라는 직업에 최선을 다하는 성실였기 때문이다. 더욱 그분의 아버지는 아들의 직업을 부끄러워하지 않았다. 자식이라 해도 직업이 그러면 말하기가 좀 거북할 텐데 이분은 오히려 아들이 공무원이라서 자기의 의료보험을 올려놓을 수 있었다고 자랑 아닌 자랑을 했다.

이따금 와서 그런 말씀을 하실 때의 표정 또한 더할 수 없이 밝았다. 그런 분을 맞아 음료수를 대접하는 나 역시 흐벅진 마음이었다. 이웃에서 주목을 받을 만한 사람은 아니었어도 세상에 없는 자식인 양 여기는 아버지가 있어 그 아들은 또 열심히 그 직업에 종사할 수 있었을 것이다.

공무원이라는 것에 더없는 자부심을 느끼며 힘을 주시며 흐뭇한 표정이셨던 모습이 오늘따라 새삼 스쳐간다. 직업에는 귀천이 없으나 그 일하는 자세로 인해 귀천이 결정된다. 직업만 놓고 보면 청소부라는 건 천한 직업일 수 있으나 그에 대한 남다른 자긍심 때문에 격이 올라갈 수 있었다.

반면 아무리 높고 귀한 직업이라 해도 그에 대한 소신이 없으면 하찮은 직업만도 못하게 된다. 흔히 자리가 사람을 만든다고 하지만 그 역시 일에 대한 소신이 뚜렷할 때 형성되고 그것은 또 하찮은 직업이 사람을 만들 수도 있음을 역으로 반증하는 것으로 여겨진다.

천한 직업인데도 불구하고 남달리 최선을 다하는 모습도 아름답거니와 내 아들은 공무원이라고 떳떳이 자랑하는 아버지도 직업에 대한 윤리가 확고한 분이셨다. 생계의 수단으로 여길 때는 귀천이 있지만 열심히 일할 때는 직업이 아닌 천직으로 바뀌고 우리는 그때야말로 일에서 얻는 행복을 느낄 수 있다.

오늘 또 유달리 성실한 공무원을 보니 자기 위치에서 최선을 다하는 모습이 참으로 아름답다. 공무원의 덕목이라 할 직업윤리가 꽃피울 때야말로 평범하게 살아가는 우리에게 남다른 힘이 되어줄 것으로 믿는다.